I0489917

Inhaltsübersicht

Veränderung der Denkweise.

Selten treffe ich ein Kind, das Verkäufer werden will. Politiker, Anwälte, Ärzte, Sportler, Künstler und viele andere Berufe haben eines gemeinsam: Ohne die Fähigkeit, zu beeinflussen, zu überzeugen und zu verhandeln, sind die Erfolgschancen äußerst gering.

Selbst wenn man Talent und Fähigkeiten hat, reicht das nicht aus, um erfolgreich zu sein. Der Grund dafür ist, dass sie nicht wussten, wie man verkauft.

Verkäufer oder Vertriebsmitarbeiter

Der Einstieg in den Vertrieb erfolgt fast immer zufällig. Vielleicht fangen Sie gerade erst an zu arbeiten, oder es gab einen dringenden geschäftlichen Bedarf, oder jemand hat Sie in diese Rolle gebracht. Tatsache ist, dass wir alle Verkäufer sind, und in allen Lebensbereichen sind Vertriebsfähigkeiten ein nützliches Instrument, um voranzukommen und mehr aus Ihrem Potenzial zu machen. Wenn Sie einen Blick auf die Menschen werfen, die große Erfolge erzielt haben, werden Sie feststellen, dass die meisten von ihnen ihre Erfolge durch ihre Verkaufsfähigkeiten erreicht, verstärkt und beschleunigt haben.

Verkauf" ist kein Schimpfwort. Um das zu verdeutlichen, möchte ich Ihnen einige Leistungsträger vorstellen, die ich als die erfolgreichsten Vertriebsprofis der Welt bezeichnen würde.

- Steve Jobs.
- Martha Stewart.
- Leonardo DiCaprio.
- Martin Luther King Jr.

- Nelson Mandela.
- Sir Alex Ferguson.
- LeBron James.
- Richard Branson.
- Oprah Winfrey.
- J.K. Rowling.

Wahrscheinlich gibt es einen großen Unterschied zwischen Ihrer ursprünglichen Vorstellung von einem Verkäufer und diesen Dekorationsprofis.

In meinen Seminaren bitte ich die Zuhörer oft, Adjektive zu nennen, die stereotype Verkäufer beschreiben. Unweigerlich erhalte ich die folgenden Antworten.

- gewaltsam
- Gier
- Betrüger
- Unannehmlichkeiten
- umgänglich
- Fasern
- Lästige Geschichte.

Wie würden Sie sich fühlen, wenn jemand Sie mit diesen Worten beschreiben würde? Ich glaube, ich wäre nicht sehr glücklich. Ich kann mir auch vorstellen, dass einer der Gründe, warum Sie dieses Buch in die Hand genommen haben, der ist, dass Sie Angst haben, so wahrgenommen zu werden.

Während des Seminars werden dieselben Zuhörer gebeten, Adjektive zu nennen, die "professionelle" Verkäufer im Gegensatz zu "stereotypischen" Verkäufern beschreiben. Die Adjektive werden dann in einer wirklich kontrastreichen Weise aneinandergereiht.

- guter Zuhörer
- Problem Lösung
- Einfühlungsvermögen
- echt
- Kenntnisreich.
- nützlich sein
- verantwortliche Person für ...

Ich habe dieses Experiment immer sehr interessant gefunden. Die Angst, Verkäufer zu sein, ist eindeutig die Angst, als Verkäufer mit dieser ersten Eigenschaft wahrgenommen zu werden. Die Welt ist heute eine ganz andere, mit der Transparenz, die durch die Macht von Bewertungen, das Internet und die Stimme des Verbrauchers in den sozialen Medien geschaffen wurde, was die Möglichkeiten für Verkäufer, erfolgreich zu sein, einschränkt.

Wenn Sie sich für den Beruf entscheiden, haben Sie zwei Möglichkeiten, um neue Kunden zu gewinnen. Die eine ist der "reaktive" Weg, bei dem Sie auf Anfragen warten und sie beantworten, sobald sie interessiert sind, und die andere ist der "proaktive" Weg, bei dem Sie einen proaktiven Schritt machen.

Es gibt viele Strategien, um die Zahl der eingehenden Anfragen zu erhöhen, aber das Wichtigste ist, die Kontrolle über Ihre Situation zu behalten und einen soliden Plan zu haben, um proaktiv mehr potenzielle Kunden anzusprechen. Die Beibehaltung der Kontrolle ist entscheidend für den Erfolg im Vertrieb. Indem Sie Prozesse zur Kontrolle der Kundenzahl aufbauen, können Sie Ihr Unternehmen ruhiger führen. Wenn Sie sich nur auf einen reaktiven Ansatz verlassen, wird Ihr Erfolg oder Misserfolg sehr unterschiedlich ausfallen, wobei externe Faktoren eine große Rolle sowohl für den Erfolg als auch für den Misserfolg spielen.

Wahl des Schwerpunkts.

Der Hauptunterschied zwischen Marketing und Vertrieb besteht darin, dass Vermarkter danach streben, neue Kunden zu akquirieren, während Vertriebsprofis sich die Zeit nehmen, Kunden auszuwählen. Wenn Sie auf Ihr Erlebnis zurückblicken und denken: "Das hätte nicht passieren dürfen", dann war es wahrscheinlich nicht der perfekte Kunde, den Sie strategisch ausgewählt haben.

Der Prozess, bei dem zunächst die Kunden ausgewählt werden, wird als "Kundenauswahl" bezeichnet.

"Schürfen". Außerhalb der Welt des Verkaufs wird der Begriff von Wikipedia definiert als "die erste Stufe der geologischen Analyse eines Gebiets". Er ist definiert als. Die physische Suche nach Mineralien, Fossilien, Edelmetallen und Mineralienproben. ......" Definiert als. Prospektion ist eine kleine. Form der Mineralexploration, die von kommerziellen Mineralienunternehmen in großem Maßstab. organisiert wird, um kommerziell nutzbare Mineralienlagerstätten zu finden." Dies kann einfach mit der Suche nach Reserven übersetzt werden. Es geht darum, aus den Beziehungen, die wir pflegen, den Situationen, in denen wir uns befinden, und den Möglichkeiten, die wir schaffen, den größtmöglichen Nutzen zu ziehen.

Als Vertriebsmitarbeiter ist es Ihre Aufgabe, ständig nach vergrabenen Schätzen zu suchen. Wenn Sie ein Schatzsucher wären, würden Sie sich im Voraus das Ziel setzen, etwas von großem Wert auf. zu finden. Als Vertriebsprofi ist es Ihre Aufgabe, genau das Gleiche zu tun: genau die perfekte Person zu bestimmen, mit der Sie Geschäfte machen wollen.

Das Streben nach mehr und der Wunsch, sich zu verbessern, sind Eigenschaften, die den Beruf des Verkäufers seit Anbeginn der Zeit beflügeln. Dieser Enthusiasmus kann aber auch ein großes Hindernis sein, wenn es darum geht, bereits vorhandene Möglichkeiten zu nutzen. Sie haben das Recht, sich Ihre Kunden auszusuchen, die Form Ihres Erfolgs und die Qualität und Quantität der Menschen, mit denen Sie zusammenarbeiten wollen, zu bestimmen. Ein häufiger Fehler ist es, diese Wahl nicht umzusetzen und zu versuchen, mit allen zusammenzuarbeiten.

Ich versuche, alle meine künftigen Kunden als "fehlende Leute" zu betrachten. Anstatt nach jedem zu suchen, konzentrieren Sie sich darauf, wer Ihr idealer Kunde ist. Auf diese Weise stoßen Sie auf mehr Möglichkeiten, erhalten mehr geeignete Kunden und können Ihre Aktivitäten gezielter einsetzen. Ein zusätzlicher Vorteil, den Sie haben, wenn Sie jeden Ihrer Zielmärkte beschreiben können, ist, dass andere Menschen Ihnen helfen können, Ihre Ziele zu erreichen. Sie können sie jedem erklären, den Sie treffen, und ihn bitten, Sie an die Personen zu verweisen, die Ihnen fehlen, oder selbst zu potenziellen Kunden zu werden.

Es gibt einen Teil des Gehirns, der als retikulärer Aktivierungssensor (RAS) bezeichnet wird und eine Komponente unseres Bewusstseinssystems ist. Dieser Sensor bestimmt, welche Informationen im Laufe des Tages wichtig sind und welche ignoriert werden sollten. Wenn Sie Ihren RAS auf den nächsten Kunden einstellen, den Sie treffen wollen, können Sie überall auf Gelegenheiten treffen. Ich will damit nicht sagen, dass Sie nur mit Menschen zu tun haben sollten, die Ihrem Ideal nahe kommen, aber Sie werden oft mehr Glück haben, wenn Sie Ihre Aktivitäten gezielt einsetzen. Ich stelle mir das wie ein Dartspiel vor. Jedes Mal, wenn Sie einen Dartpfeil werfen, zielen Sie auf etwas. Sie treffen nicht immer das Ziel, aber selbst wenn Sie danebenschießen, tragen Sie zum Ergebnis bei.

Die Identifizierung einer vermissten Person kann in drei einfachen Schritten durchgeführt werden.

1. Stellen Sie sich Ihren Traumkunden vor - die perfekte Person, mit der Sie gerne immer wieder zusammenarbeiten würden. Sobald dieses Bild klar ist, nehmen Sie einen Stift zur Hand und listen Sie die genauen Eigenschaften dieser Person auf und warum sie perfekt für Sie ist.

2. Darüber hinaus können Einschränkungen und Grenzen festgelegt werden, um den Kandidatenpool einzugrenzen und so eine genauere Identifizierung der Kandidaten zu ermöglichen.

   ○ Wo befinden sie sich geografisch?

   ○ In welchem Industriezweig oder Sektor sind Sie tätig?

   ○ Wie groß ist sie?

   ○ Was haben sie seit wann gemacht?

   ○ Wem genau wollen Sie in Ihrem Unternehmen helfen?

   ○ Warum brauchen sie Sie? Die Antworten auf diese Fragen in Verbindung mit den aufgeführten Eigenschaften versetzen Sie in eine sehr gute Position, um potenzielle Kunden zu identifizieren.

3. Erstellen Sie ein detailliertes schriftliches Profil genau der Person, mit der Sie Geschäfte machen möchten, und gestalten Sie es so visuell ansprechend wie möglich. Dies ist Ihre Chance, Ihr "Vermisstenplakat" zu erstellen und die Details mit allen an Ihrem Unternehmen Beteiligten zu teilen.

Wenn Sie eine Reihe verschiedener Produkte und Dienstleistungen haben, die jeweils einen anderen Zielmarkt ansprechen, können Sie diesen Prozess für jede spezifische Zielgruppe wiederholen.

Erstellung einer Liste mit potenziellen Kunden.

Wenn Sie als Vertriebsprofi proaktiv und erfolgreich sein wollen, müssen Sie die Initiative ergreifen und eine Liste mit potenziellen Kunden erstellen, die die vorher festgelegten Kriterien erfüllen. Es ist unmöglich, mehr neue Kunden zu akquirieren, als man Interessenten hat, und ein guter Vertriebsmitarbeiter wird immer eine Fülle von neuen Möglichkeiten haben. Daher ist es ein wesentlicher Bestandteil jedes Verkaufsprozesses, eine Liste potenzieller Kunden zu erstellen und diese Liste immer wieder zu ergänzen.

Meine allgemeine Regel lautet, dass Sie eine Liste erstellen sollten, die mindestens zehnmal größer ist als die Zahl der von Ihnen gewünschten Neukunden. Beginnen Sie mit dem Aufbau einer Liste, bevor Sie Leute ansprechen. Der Grund dafür ist, dass Sie ohne qualitative Quantität schnell ins Stocken geraten. Das wird sich dramatisch auf Ihre Dynamik und Ihr Selbstvertrauen auswirken, wenn Sie Ihre Pipeline aufbauen.

Um Ihnen beim Aufbau einer großen Liste zu helfen, habe ich ein einfaches System entwickelt, um einen kontinuierlichen Prozess zu schaffen, der Ihr bestehendes Netzwerk und Ihre Reichweite maximiert und einen nie endenden Vorrat an Namen liefert. Folgen Sie dem FRIENDS-System, um potenzielle Kunden aufzulisten Aufbauen.

Freunde - Listen Sie zunächst alle Freunde in Ihrem Leben und in Ihrem Unternehmen auf. Gehen Sie Ihre Telefonkontakte, Ihre E-Mail-Kontakte (.), Ihre Verbindungen in sozialen Netzwerken und Ihr Adressbuch durch und überlegen Sie, welche Personen zu Ihrem Zielmarkt passen oder Ihnen helfen können, Ihrem Zielmarkt näher zu kommen, und fügen Sie sie der Liste hinzu.

Aufzeichnungen - Im Laufe unseres Berufslebens sammeln wir große Mengen an Informationen, die in Zukunft von Wert sein könnten. Durchsuchen Sie Ihre bestehenden und ehemaligen Kunden- und Lieferantenunterlagen, Kontakte aus früheren Arbeitsverhältnissen, Visitenkartensammlungen usw.

Branche - Berücksichtigen Sie alle Branchen, mit denen Sie zusammenarbeiten möchten oder in der Vergangenheit zusammengearbeitet haben, **und** fügen Sie relevante Personen und Unternehmen aus der gleichen oder einer ähnlichen Branche hinzu.

E-Marketing - das Internet ist ein großartiges Instrument für den Aufbau von Listen. Stellen Sie ein Kontaktformular auf Ihre Website, sammeln Sie Telefonnummern und E-Mail-Adressen (.) im Austausch gegen etwas Wertvolles, und nutzen Sie Suchmaschinen, um bestehende Käufer Ihrer Produkte und Dienstleistungen zu identifizieren.

Networking - nehmen Sie an formellen und informellen Veranstaltungen **teil und** ermitteln Sie potenzielle Kunden für Sie und Ihr Unternehmen.

Verzeichnisse - Nutzen Sie Verzeichnisse von Gruppen und Organisationen in Ihrem Sektor, um Namen und Kontaktdaten von potenziellen Kunden zu erhalten. Beginnen Sie mit einem Verzeichnis der Gruppen, denen Sie angehören, und versuchen Sie, über gemeinsame Interessen Kontakt aufzunehmen.

Gleicher Name - Gehen Sie **schließlich** Ihre gesamte Liste durch und denken Sie an jeden, der denselben Vor- oder Nachnamen trägt wie einer Ihrer bestehenden Interessenten. Sie werden überrascht sein, wie viele Namen Sie mit dieser einfachen Gedächtnistechnik hinzufügen können. *Denken Sie daran, dass Menschen Menschen kaufen - Ihre Liste sollte aus Namen von Menschen bestehen, nicht von Organisationen!*

Eine teuflische Produktivität erreichen.

So entsteht eine riesige Liste von Personen. Das kann nützlich und gleichzeitig sehr überwältigend sein. Wenn Sie jedoch einen Schwerpunkt setzen und Ihren Blick auf eine bestimmte Gruppe von Personen einschränken, können Sie Ihre Produktivität steigern.

Wenn Sie Schätze finden, langfristige Erfolge erzielen (.) und in der Lage sein wollen, ständig neue Geschäftsmöglichkeiten zu bieten, müssen Sie wahrscheinlich nach Interessenten suchen, die in verschiedene Gruppen passen. Bevor Sie Ihren Fokus eingrenzen, sollten Sie Zeit in die Identifizierung von drei verschiedenen Arten von Interessenten investieren. Diese Kategorien können je nach Situation unterschiedlich bezeichnet werden, aber um dieses Beispiel leichter verständlich zu machen, bleiben wir bei der Analogie der Schatzsuche.

Stufe 1 - Silberne Interessenten. Diese Interessenten sind Gelegenheiten, die Sie leicht akquirieren können und die Ihnen den kurzfristigen. Erfolg bringen sollten, den Sie zur Aufrechterhaltung Ihres Geschäfts benötigen. Sie kommen wahrscheinlich durch direkte Anfragen zu Ihnen, haben einen dringenden Bedarf und sind eher transaktionsorientiert. Es ist unwahrscheinlich, dass diese Kunden große Summen ausgeben, aber sie sind schnell entscheidungsfreudig und weniger preisempfindlich, was für den Verkaufserfolg entscheidend ist.

Ebene 2 - Gold Prospects. Dies sind Personen, die Sie proaktiv als potenzielle wertvolle Stammkunden für Ihr Produkt oder Ihre Dienstleistung ausgewählt haben. Sie haben wahrscheinlich schon bei jemand anderem gekauft und brauchen vielleicht etwas länger, um eine Entscheidung zu treffen, aber sie haben die Fähigkeit, Ihnen kontinuierliche Folgeausgaben zu bringen.

Stufe 3 - Platin-Prospects. Diese Premium-Prospects sind Ihre Traumchance. - vielleicht der perfekte Verkauf, der ideale Kunde oder die schwer fassbare "große Chance". Wenn Sie sich diese Gelegenheit sichern können, könnte sie Ihr Jahr entscheiden - oder sogar Ihr Leben für Sie persönlich verändern. Ein solcher großer Fisch weiß jedoch nichts von Ihrer Anwesenheit, und es gibt viele andere, die nach der gleichen Gelegenheit suchen, was es schwierig macht, sich zu melden.

Anhand dieser drei Kategorien können Sie eine große Liste in kleinere Bereiche unterteilen und auswählen, welche Kunden Sie derzeit verstärkt ansprechen möchten, bevor Sie Maßnahmen ergreifen. Doch selbst mit dieser Vorbereitung kann es schwierig sein, zu wissen, worauf man sich konzentrieren soll. Bei Hunderten von potenziellen Kunden in jedem Bereich kann diese Fülle von Möglichkeiten Sie daran hindern, voranzukommen.

Anstatt mit allen zu arbeiten, ist der nächste intelligente Schritt das, was ich "teuflische Produktivität" nenne. Ich nenne es deshalb so, weil Sie sechs bestimmte Kontakte aus jeder der drei Kategorien auswählen, mit denen Sie arbeiten wollen. 6 Silber-, 6 Gold- und 6 Platin-Kontakte (666 Personen), was bedeutet, dass insgesamt nur 18 Personen an dem Projekt arbeiten dürfen.

Die ersten sechs "guten" Interessenten sind für Ihr Unternehmen von großer Bedeutung, da sie sofortige Entscheidungen treffen und Ihrem Unternehmen Vorteile und Chancen bringen. Aber sie sind diejenigen, die Sie brauchen, um weiter voranzukommen, und sie sind diejenigen, die Sie auf Ihrer Reise zu den nächsten sechs Abschlüssen begleiten werden.

Die nächsten sechs Personen, auf die Sie sich konzentrieren sollten, sind Ihre "besseren" Interessenten. Wenn Sie sich diese Personen sichern können, haben Sie einen guten Tag. Zu diesem Zeitpunkt sind Sie sehr aufgeregt, und das ist es, wonach Sie wirklich suchen.

Die letzten sechs Personen, an denen Sie arbeiten müssen, sind Ihre absolute Wunschkandidaten - die großen Jungs - diejenigen, die Ihnen das Leben leichter machen werden, wenn Sie sie gewinnen können. Das kann eine Person sein, die Sie für Ihr Unternehmen gewinnen wollen. Es könnte ein Traumgeschäft sein, bei dem jemand alles kauft, was Sie anzubieten haben. Oder es könnte der perfekte Partner sein - eine Beziehung, die es Ihnen ermöglicht, die Punkte zu verbinden und Ihr Unternehmen über Nacht schnell wachsen zu lassen.

Denken Sie über die Unterschiede zwischen diesen drei Gruppen nach. Gute potenzielle Kunden, die in die ersten sechs Gruppen fallen, sollten leicht zu finden und abzuschließen sein und sollten in der Lage sein, den Auftrag relativ schnell zu erledigen.

Bei der zweiten Gruppe kann es länger dauern, bis sie gefunden wird, sie braucht länger, bis sie sich meldet, und es kann eine Reihe von Treffen erforderlich sein. Es kann Wochen oder Monate dauern, bis sie die von Ihnen gewünschte Entscheidung treffen. Aber wenn sie dann eine Entscheidung treffen, wissen Sie, dass es sich lohnt.

Die letzte Gruppe sind langsame Verbrennungen. Sie benötigen die meiste Zeit, Mühe und Energie. Wahrscheinlich arbeiten sie bereits mit anderen zusammen. Es geht hier nicht darum, sie dazu zu bringen, sich für Sie zu entscheiden. Das wird Zeit brauchen, denn die erste Entscheidung, die Sie diesen Menschen überlassen sollten, ist die, mit dem aufzuhören, womit Sie sie ersetzen wollen.

Wenn Sie sich dafür entscheiden, teuflisch produktiv zu sein und in diesen drei Bereichen mit Perspektiven zu arbeiten, bedeutet das, dass Sie Ihre tägliche Arbeit schätzen, darüber nachdenken, wie Sie super erfolgreich sein können, und das Traumticket schätzen, von dem wir wissen, dass es für Sie möglich ist.

Wenn Sie sich auf 18 Personen beschränken, ändert sich die Liste mit jeder Entscheidung. Am nächsten Tag beginnt man dann, darüber nachzudenken, wer die Stelle antreten wird.

Das Gleiche gilt, wenn jemand entscheidet, dass er in dieser Phase nichts für Sie ist. Wenn Ihnen jemand sagt: "Nein, jetzt nicht", streichen Sie diese Person von Ihrer teuflisch produktiven Liste, setzen Sie sie zurück auf die größere Liste und bringen Sie jemand anderen an ihre Stelle.

Wenn Sie sich jeden Tag fragen: "Mit welchen 18 potenziellen Kunden arbeite ich gerade zusammen?", dann können Sie einen Teil Ihrer Aktivitäten auf das kontinuierliche Wachstum Ihres Kundenstamms ausrichten.

Verkauf ist Philosophie.

In jedem Unternehmen, mit dem ich zu tun hatte, gab es in der Regel eine klare Trennung zwischen der Vertriebs- und der operativen Seite des Unternehmens. Viele Menschen glauben, dass die Verantwortung für die Gewinnung und Bindung von Aufträgen einfach beim Verkaufsteam liegt. Ich bin nicht nur mit diesem Ansatz nicht einverstanden, sondern glaube, dass er jedes Jahr in vielen Unternehmen scheitert.

Wenn Sie versuchen, ein Unternehmen aufzubauen, das mit seinen Kunden in Verbindung steht, einen hervorragenden Service bietet und Empfehlungen und Wiederholungsaufträge erhält, wird Ihnen das Verständnis, dass Verkauf eine Philosophie ist, helfen, dies zu erreichen.

Bei der Zusammenarbeit mit Kunden ist es wichtig, die gesamte Kundenerfahrung zu überwachen, vom ersten Kontakt über den Verkaufsprozess bis zur versprochenen Lieferung und darüber hinaus. Das gesamte Team hat einen großen Einfluss auf den wirtschaftlichen Erfolg des Unternehmens, und es gibt Möglichkeiten, die Qualität der

Kundenerfahrung an jedem Kontaktpunkt zu verbessern oder zu verringern. Wenn Sie dies richtig anpacken, können Sie erstaunlich gute Ergebnisse erzielen. Die Einbeziehung einer kommerziell ausgerichteten Verkaufsmentalität in alle Kundeninteraktionen wird den Verkaufserfolg dramatisch steigern. Wenn alle Beteiligten an einem Strang ziehen, werden Sie von den kombinierten Gewinnen, die für sich genommen marginal sein mögen, überrascht sein.. Richten Sie Ihre Aufmerksamkeit auf Ihre eigenen Prozesse und stellen Sie sich die folgenden Fragen.

- Wie unterstützt der erste Kontakt mit dem Kunden die Verkaufsergebnisse?

- Inwieweit hält das Betriebsteam die Versprechen des Verkaufsteams ein?

- Worüber genau sprechen Sie während des Verkaufsprozesses, um faire Erwartungen für den folgenden Prozess zu schaffen?

- Maximieren wir die Verkaufschancen am Ort der Lieferung?

- Welche weiteren Informationen sollten an jedem Kontaktpunkt gesammelt werden, um den zukünftigen Verkaufserfolg zu gewährleisten?

- Sind die zur Beschreibung von Produkten und Dienstleistungen verwendeten Wörter und Begriffe in allen Bereichen einheitlich?

- Erkennt die Finanzabteilung den potenziellen Wert eines jeden bestehenden Kunden?

- Werden die Beziehungen zwischen bestehenden Kunden aufeinander aufgebaut, um die Loyalität zu schützen, die Beziehungen zu stärken und die Transaktionseffizienz zu erhöhen?

Die Verknüpfung der Punkte im Prozess hat sehr greifbare Vorteile, darunter

- Verbesserte Gewinnspannen
- Keine verspäteten Zahlungen.
- Keine notleidenden Kredite
- Bevorzugte Behandlung durch Lieferanten
- Verbesserte betriebliche Effizienz
- Höhere Produktivität des Personals
- Mehr freie Zeit
- Weniger Kundenbeschwerden
- Verbesserte Kommunikation

Stellen Sie sich vor, wie positiv es sich auf Ihren Verkaufserfolg auswirken würde, wenn Sie zuerst die Customer Journey abbilden, die wichtigsten Kontrollpunkte darin identifizieren und sich selbst und alle wichtigen Beteiligten mit den richtigen Fähigkeiten und Informationen ausstatten würden, um jede Chance zu maximieren Ich bitte Sie.

Wahrnehmung ist Realität.

Leider ist der erste Eindruck entscheidend, sowohl im Leben als auch im Geschäftsleben. Menschen sind oberflächlich und können andere auf der Grundlage begrenzter Informationen in einem kurzen Zeitraum beurteilen. Wenn andere für Ihre Dienste bezahlen, sind ihre Urteile noch schärfer, und der Unterschied zwischen jemandem, der sich für Sie entscheidet, und jemandem, der Sie mag, kann von sehr wenigen Faktoren abhängen.

Angenommen, Sie erhalten viel Anerkennung von Ihren Kunden, denken Sie darüber nach, wie Sie angesehen werden wollen und kontrollieren Sie deren Gedanken. Wie anspruchsvoll sie auch sein mögen, Sie können Ihren ersten Eindruck selbst gestalten. Ihre Position im Unternehmen, Ihre Erfahrung, die Größe und Glaubwürdigkeit Ihres Unternehmens sind unbekannte Faktoren, wenn Sie sich zum ersten Mal vorstellen. Dieser Eindruck ist Ihre Chance, die Messlatte dort zu setzen, wo Sie hinwollen.

Die Körperpflege ist von größter Bedeutung. Die Wahl Ihrer Kleidung, Ihres Parfums, Ihrer Pflege und Ihrer Accessoires sagt etwas über Sie aus. Sind Sie mit der Botschaft, die Sie aussenden, zufrieden?

Sie wissen wahrscheinlich nicht mehr, wie oft Sie schon Vorurteile hatten oder andere mit Vorurteilen konfrontiert haben. Es ist wichtig zu akzeptieren, dass dies passiert, aber genauso wichtig ist es, niemals Vorurteile gegenüber anderen zu haben.

Einige der Schlüsselfaktoren, die das unmittelbare Urteil anderer über Sie beeinflussen, sind

Verkehr - Der soziale Status einer **Person** wird oft nach dem Fahrzeug beurteilt, das sie fährt. Tun Sie daher alles, was Sie können, um Ihr Auto als Instrument zu nutzen. Wenn Ihr Unternehmen als sehr erfolgreich angesehen werden soll und Ihr Auto dies widerspiegelt, dann sorgen Sie dafür, dass Sie in Ihrem Auto gesehen werden. Wenn Ihr Auto Ihre geschäftlichen Ziele noch nicht erfüllt, dann wählen Sie ein anderes Verkehrsmittel oder lassen Sie nicht zu, dass es Ihre Erfolgschancen beeinträchtigt. Umgekehrt gilt dies auch. Wenn Ihr Unternehmen einen hohen Wert bietet, Ihr Auto aber als zu teuer angesehen wird, werden Sie als zu teuer angesehen und könnten Ihren Job verlieren. Der Schlüssel liegt darin, jedes Transportmittel immer von seiner besten Seite zu präsentieren und gegen Sie zu arbeiten.

Uniformen - die richtige Wahl der **Kleidung kann** schwierig sein. Viele von uns arbeiten in ihren Unternehmen in verschiedenen Funktionen und haben unterschiedliche Aufgaben. Meine allgemeine Regel lautet: Kleiden Sie sich so, wie der Kunde es von Ihnen erwartet, und im Zweifelsfall ist es besser, formell als zu leger zu sein.

Accessoires - Accessoires sind oft der beste Indikator für den wahren Charakter einer Person. Die Wahl der Schuhe, des Schmucks, der Körperkunst, der Geschäftsdrucksachen, der Elektronik und der Taschen kann weit mehr aussagen als viele andere Faktoren. Denken Sie sorgfältig darüber nach, was Ihre

Accessoires über Sie aussagen und ob sie den Eindruck vermitteln, den Sie suchen.

Pflege: Seien Sie darauf vorbereitet, nach Ihrem Aussehen, Ihrem Geruch und Ihrem Verhalten beurteilt zu werden. Bitten Sie einen Fremden, ein Profil von Ihnen anhand Ihres Aussehens zu erstellen, und achten Sie auf seine Reaktion. Ich habe auf einer längeren Geschäftsreise eine wichtige Lektion gelernt, als ich plötzlich meine Hände betrachtete und feststellte, dass meine überwucherten Nägel nicht zu mir passten. Mit anderen Worten: Wenn Sie sich nicht um Ihr eigenes Aussehen kümmern können, wie können Sie sich dann um ihren geschäftlichen Erfolg kümmern? Während des gesamten Treffens hielt ich meine Hände außer Sichtweite, verlor mein gewohntes Selbstvertrauen und wurde skeptisch gegenüber meinem Aussehen. Seit diesem Tag hat meine Manikürroutine oberste Priorität in meinem persönlichen Plan, und ein Nagelknipser in Reisegröße (.) ist ein fester Bestandteil meiner Arbeitstasche. Ein Händedruck ist ebenfalls wichtig. Ist er zu fest, wirkt er arrogant, ist er zu schwach, wirkt er inkompetent.

Marketingmaterialien - auch **Ihr** Unternehmen hinterlässt einen Eindruck. Ganz gleich, ob das erste, was ein potenzieller Kunde sieht, Ihre Visitenkarte, Ihre E-Mail-Signatur (.), Ihre Voicemail oder Ihre Website ist, stellen Sie sicher, dass es die richtige Botschaft vermittelt. Ich arbeite nach dem Prinzip, nicht die aktuellen Unternehmen zu präsentieren, sondern die Unternehmen, die in Zukunft wachsen werden. Je höher die Qualität des Drucks ist, desto höflicher wird Ihr Unternehmen erscheinen. Eine einheitliche Botschaft in der gesamten E-Mail-Kommunikation. zeigt Struktur und Kontrolle. Ich empfehle, dass alle E-Mail-Nachrichten (.) dasselbe Format haben, einschließlich Schriftarten, Abstände und automatische. Signaturen. Voicemail gibt den Ton und die Kultur Ihres Unternehmens vor. Ihre Website sollte deutlich machen, wie Sie Menschen helfen, und Ihre Vision unterstreichen.

Wenn Sie diese Faktoren verstehen, um Ihre Eignung zu bestimmen, erhalten Sie zusätzliche Kontrollmöglichkeiten, wenn Sie eine Verkaufschance wahrnehmen. Es wird Sie auch in die Lage versetzen, wie ein Verkaufsprofi zu denken.

Ist es das wert?

Ich habe schon früh gelernt, dass es einen großen Unterschied macht, ob man eine Aufgabe richtig erledigt oder ob man sie richtig macht. Ich war schon immer fleißig und engagiert, habe mich bei jeder Tätigkeit angestrengt und nach den besten Ergebnissen gestrebt. Ich habe mich jedoch sehr verändert, als ich erkannte, dass harte Arbeit nur begrenzten Erfolg bringen kann. Die große Lektion war, dass ich verstehen musste, was. lohnende Aktivitäten wirklich sind.

Wir alle haben in unserem täglichen Leben "Dinge zu erledigen". Aber wie viele dieser "Dinge, die getan werden müssen", helfen uns wirklich dabei, das gewünschte Endergebnis zu erzielen? Wenn Sie diese einfache Gleichung auf sich selbst anwenden, können Sie besser entscheiden, wofür Sie Ihre Zeit verwenden.

Sie müssen die Antworten auf die folgenden Fragen kennen

A: Wie hoch sind die Einnahmen, die Sie in den nächsten 12 Monaten zu erzielen hoffen?

B: Wie viele Stunden pro Woche planen Sie selbst zu arbeiten?

C: Wie viele Wochen im Jahr arbeiten Sie?

Wenn Sie diese Zahlen kennen, können Sie zum ersten Mal einen Blick auf Ihre Produktivität werfen und feststellen, welche Tätigkeiten Ihr Unternehmen voranbringen und welche es behindern. Sie müssen alles, was Sie tun und was Ihnen nicht den gewünschten Stundensatz einbringt, überdenken und hinterfragen. Möglicherweise müssen Sie lernen, viele dieser Tätigkeiten zu delegieren, und einige können Sie sogar ganz aufgeben.

Dabei stellt sich in der Regel heraus, dass die beiden folgenden Aktivitäten am profitabelsten sind

1. Direkter Dialog mit potenziellen Kunden
2. Bieten Sie Waren und Dienstleistungen für echte Kunden an. Sie entdecken dies, weil sie eine andere lohnende Tätigkeit kennen. .
3. Planung und Überprüfung

Je mehr Zeit Sie für diese Bereiche aufwenden, desto mehr Möglichkeiten haben Sie, Ihr Unternehmen auszubauen.

Kundenwert

Ein häufiger Fehler, den viele machen, ist, die erste Transaktion mit einem Kunden zu übersehen und Erfolg und Wert anhand des Umfangs des ersten Geschäfts zu messen.

Nehmen wir zum Beispiel den Fall eines Friseurgeschäfts.
Der Wert des Kunden zeigt, dass er im Durchschnitt 75 Dollar ausgibt. Es ist einfach, Ihr Geschäft entsprechend zu planen. Wenn Sie jedoch das Gesamtbild betrachten, erkennen Sie schnell den wahren Wert dieses Kunden.

Beispiel 1.

Die Kunden geben 75 Dollar pro Besuch aus.

Besuche alle 8-12 Wochen

Kundenstamm seit 5 Jahren

Beispiel 2.

Die Kunden geben 95 Dollar pro Besuch aus.

Besuche alle 6-8 Wochen

Kundenstamm seit 7 Jahren

2 neue ähnliche Kunden pro Jahr.

Diese optimistischere Sichtweise des potenziellen Werts eines Kunden kann wie folgt berechnet werden.

$$\$95 \times 8 \text{ visits per year} \times 7 \text{ years} = \$5{,}320$$

Wenn 14 weitere neue Kunden genau das Gleiche tun, bringt jede Beziehung zusätzliche Einnahmen in Höhe von 74.480 Dollar.

Was ich weiß, ist, dass man sehr selten mehr Geld bekommt, als man verlangt hat, oder mehr Erfolg hat, als man erwartet hat. Wenn Ihnen Ihr Kunde 75 Dollar wert ist, werden Sie wahrscheinlich dort eine Hürde aufbauen. Wenn Sie den Wert eines Kunden auf 5.320 Dollar schätzen, werden Sie wahrscheinlich eine Erfahrung aufbauen, die diesem Wert entspricht. Wenn Sie den Wert Ihres Kunden mit 80.000 Dollar oder mehr einschätzen, tun Sie, was Sie tun müssen, um sich auf diese große Chance vorzubereiten.. Langfristiger Erfolg beginnt mit einer langfristigen. Sichtweise und der Vorbereitung durch das Verständnis des den genauen potenziellen Lebenszeitwert Ihrer Kunden.

Verwirklichung auf dem Papier.

"Wenn es zunächst auf dem Papier nicht funktioniert, wie können wir dann erwarten, dass es in der Realität funktioniert?"

Diesen Rat erhielt ich kurz nach meinem Eintritt in das Unternehmen, und seither habe ich immer einen analytischen Ansatz für das Wachstum des Unternehmens gewählt.

Verkaufserfolg ist das Ergebnis einer Kombination von Faktoren, die zum Erfolg führen. Stellen Sie sich den Verkaufsprozess als eine Maschine vor und betrachten Sie alle Phasen als Teile dieser Maschine. Wenn eine Maschine nicht richtig funktioniert, liegt in der Regel selten ein Problem mit der Maschine als Ganzes vor. Es liegt einfach daran, dass ein oder mehrere Teile nicht effizient arbeiten. Überwachung und Messung können Ihnen helfen, einzelne Bereiche zu finden, die verbessert werden können, und sich kontinuierlich um die Verbesserung des Endergebnisses zu bemühen. In großen Unternehmen werden diese Datenpunkte als Key Performance Indicators (KPIs) bezeichnet, und es werden Dashboards erstellt, um die Faktoren zu überwachen, die zum Verkaufserfolg beitragen.

Es wird empfohlen, mindestens fünf und höchstens 12 Leistungsindikatoren festzulegen, um die Faktoren, die den Gesamterfolg beeinflussen, besser zu verstehen.

Beispiele für Bereiche, die überwacht werden sollten, sind.

- Gesamtzahl der Verkaufschancen pro Woche, Monat und Jahr
- Anzahl der ausgehenden Anrufe
- Prozentsatz der Verkäufe im Vergleich zu Ziel, Budget oder Vorjahr
- In Verkaufsgesprächen verbrachte Zeit
- Zeit von der Anfrage bis zur Entscheidung
- Marketingaktivitäten/Lead Generation
- Leads/Termine
- Umsetzung von Terminen/Verkäufen
- durchschnittlicher Transaktionswert
- Anzahl der Transaktionen pro Jahr
- Prozentsatz der zusätzlich verkauften
- Artikel Pipeline-Wert

Wenn Sie eine Aktivität wiederholen, werden Sie schließlich in der Lage sein, ein Verhältnis zu erstellen. Und wenn die Quoten erscheinen, können Sie die Wirksamkeit Ihrer Maßnahmen messen. Erst wenn Sie anfangen zu messen, beginnt die wirkliche Verbesserung.

Die zwei wichtigsten Fragen

Bevor man mit potenziellen Kunden kommuniziert, muss man die Antworten auf zwei sehr einfache, aber sehr tiefgreifende Fragen kennen.

1. Für wen arbeiten Sie?
2. Welche Probleme werden damit gelöst?

Ohne detaillierte Antworten auf diese beiden Fragen werden Sie bei Ihren Verkaufsaktivitäten außer Kontrolle geraten, die Richtung Ihrer Aktivitäten verlieren und Ihre Gespräche werden nicht überzeugend sein. Je klarer die Antworten sind, desto wahrscheinlicher ist es, dass Sie Kunden finden und sie umwandeln. Erfolgreicher Verkauf beginnt damit, dass Sie Ihre Rolle bei der Suche nach der richtigen Lösung für die richtige Person zur richtigen Zeit verstehen. Vorbei sind die Zeiten, in denen Sie die Eigenschaften Ihres Produkts oder Ihrer Dienstleistung übertrieben darstellten und erwarteten, viele Menschen anzusprechen. Beginnen Sie damit, mit den richtigen Leuten zusammenzuarbeiten, sich über die von Ihnen angebotene Dienstleistung und deren Wert für den Kunden im Klaren zu sein, und seien Sie zuversichtlich, diesen Wert auch zu liefern.

2
Das Streben nach Vertrauen

Der Grund, warum Sie dieses Buch in die Hand genommen haben und an diesen Punkt gelangt sind, liegt nicht darin, dass Sie nie vorhatten, Verkäufer zu werden, sondern weil Sie durch eine andere Fähigkeit, Leidenschaft oder Gelegenheit das Bedürfnis verspürten, höhere Fähigkeiten im Bereich des Verkaufs zu entwickeln, um Ihr Kerngeschäft zu unterstützen.

Das Wichtigste in der Welt des Verkaufs ist es, Vertrauen zu haben. Wie kann man Vertrauen in etwas haben, das man noch nie zuvor getan hat? Ich weiß, wie wichtig Selbstvertrauen ist und wie entscheidend es für den Erfolg ist, und ich habe während meiner gesamten Laufbahn untersucht, wie Selbstvertrauen entsteht.

Um Vertrauen in etwas zu haben, müssen Sie drei Schritte in Ihrer eigenen Erfahrung machen, die sich auf eben diese Sache beziehen.

1. Das erste, was man braucht, um Vertrauen in Wissen zu haben, ist ein grundlegendes Verständnis oder Wissen über eine Sache.

Nehmen Sie zum Beispiel eine triviale Aufgabe. Da ich Brite bin,. , werde ich das Beispiel der Zubereitung einer Tasse Tee verwenden. Zunächst müssen Sie sich mit den Elementen vertraut machen, die für die Zubereitung einer Tasse Tee erforderlich sind, sowie mit den Techniken und den verschiedenen Arten der Zubereitung der fertigen Tasse. Sie können sich Videos ansehen, Handbücher lesen und andere beobachten, um Ihr Wissen über diese Kunstform zu erweitern und die verschiedenen Methoden zu erlernen. Dieser Schritt ist unerlässlich, aber Sie können nur so weit gehen.

Ich habe Hunderte von Ausbildern, Dozenten und Geschäftsleuten getroffen, die mit fundiertem Wissen darüber sprechen, was es braucht, um erfolgreich zu sein, aber ohne den nächsten Schritt zu tun, ist ihr Wert begrenzt.

2. Erfahrung. Nachdem Sie mit der Theorie begonnen haben, können Sie nun zum nächsten Schritt übergehen, um Selbstvertrauen zu gewinnen - ein Gefühl des Vertrauens in sich selbst. Der einzige Weg, wirkliches Vertrauen zu gewinnen, ist die Erfahrung. Wenn Sie es einmal getan haben, werden Sie das Gefühl haben, dass Sie es beim nächsten Mal genauso oder sogar besser machen können. Wenn Sie z. B. Tee kochen, lernen Sie, indem Sie heißes Wasser über die Teeblätter gießen, und zwar auf die Art und Weise, die Sie gewählt haben, und die Ergebnisse dessen sehen, was Sie bis dahin gelernt haben. Versuchen Sie nicht, etwas perfekt zu machen, sondern probieren Sie es aus, bekommen Sie ein Gefühl dafür und verstehen Sie, dass verschiedene Ergebnisse erzielt werden können. Bald lernst du, dass du es in einem Topf oder einer Tasse zubereiten kannst. Du hast auch herausgefunden, dass du einfach heißes Wasser über den Teebeutel gießen kannst. Du hast auch gelernt, dass man ihn eine Weile ziehen lassen muss. Aber bevor Sie nicht ein wenig experimentiert haben, bis Sie ihn tatsächlich getrunken haben, werden Sie den Geschmacksunterschied nicht erkennen.

Die einzige Möglichkeit, Vertrauen in den Verkaufsprozess zu entwickeln, besteht darin, Erfahrungen in Hunderten von Verkaufsgesprächen zu sammeln. Sie müssen die einfachen und die schwierigen Gespräche kennen lernen, die großen Fehler und die feinen Unterschiede, die einen dramatischen Unterschied in der Richtung ausmachen können. Seien Sie mutig und beginnen Sie mit dem Sammeln von Erfahrungen. Vergessen Sie, perfekt sein zu wollen, und konzentrieren Sie sich darauf, was Sie aus der Erfahrung lernen können.

3. Spezialisierung. Erst an diesem Punkt können Sie Fachwissen entwickeln. Fachwissen ist eine Kombination aus Wissen und Erfahrung, und dadurch wird man sicherer in dem, was man weiß. Ich habe fast so viele Tassen Tee aufgebrüht, wie ich Gespräche im Verkauf geführt habe, so dass ich den Unterschied zwischen gut und schlecht verstehen, die Faktoren, die den Unterschied ausmachen, einschätzen und dann ehrlich sagen kann, welche Änderungen ich vornehmen muss, um mich zu verbessern.

Die Ehrlichkeit in Bezug auf die eigene Leistung ist es also, die Ihrem Selbst wichtige Punkte des Selbstbewusstseins verleiht. .Das Wichtigste ist, ehrlich zu sein, was die eigene Leistung angeht, denn das ist der Schlüssel zu Ihrem Selbstvertrauen.

Sie können viel von den Erfahrungen anderer lernen. Es gibt unzählige Ressourcen in der Welt, die Ihnen helfen, zu wachsen. Machen Sie sich nur klar, dass Sie am schnellsten und erfolgreichsten wachsen, wenn Sie das Gelernte in die Praxis umsetzen, aus den Erfahrungen lernen und die Integrität entwickeln, es beim nächsten Mal besser zu machen.

Dieses Kapitel befasst sich mit den Instrumenten und Techniken, die Sie einsetzen können, um Ihr Selbstvertrauen vor einem Verkaufsgespräch zu stärken und sich einen fairen Vorteil zu verschaffen, indem Sie sich im Vorfeld gut vorbereiten.

Hast du deine Hausaufgaben gemacht?

Es kommt häufig vor, dass Menschen ihre eigenen Produkte und Dienstleistungen sowie die mit ihrem Beruf verbundenen Details aus den Augen verlieren. Menschen zu helfen" ist jedoch in allen Branchen gleich. Wenn Sie zum ersten Mal mit Menschen in Kontakt kommen, stellen Sie sich die folgenden Fragen *Möchte ich ein Problem lösen oder der Person helfen?*

Ich weiß, welche Antwort Sie wahrscheinlich geben werden. Ich weiß auch, dass bei der Vorbereitung auf ein Verkaufsgespräch der Schwerpunkt des Gesprächs fast immer auf der Lösung des Problems liegt, indem Sie übertreiben, wie großartig Ihr Produkt oder Ihre Dienstleistung ist, und die detaillierten Vorteile erläutern, die zur Lösung des Problems beitragen.

Wenn Sie sich darauf konzentrieren, Probleme zu lösen, bevor Sie das Vertrauen der anderen Person gewonnen haben, werden Sie nicht in der Lage sein, eine ausreichend gute Beziehung zu ihr aufzubauen. Entscheidungen werden in der Regel auf der Grundlage von Gefühlen getroffen, bevor eine logische Bestätigung erfolgt. Als Fachmann haben Sie die Verantwortung zu wissen, mit wem Sie sprechen. Um Ihren Erfolg zu maximieren, müssen Sie die Kunden, die Sie ansprechen wollen, die potenziellen Kunden, mit denen Sie zusammenarbeiten, und Ihre bestehenden Kunden genau kennen. Aber denken Sie daran: Menschen kaufen von Menschen, nicht von Organisationen.

Indem Sie recherchieren und verstehen, was den wichtigen Entscheidungsträgern, die Sie ansprechen, wichtig ist, wird Ihr Selbstvertrauen steigen und Ihre Fähigkeit, Verbindungen herzustellen und sinnvolle Gespräche zu führen, wird sich deutlich verbessern.

Vor dem Gespräch sollten Sie Folgendes wissen

- **Wenn Sie das Gesicht der Person vorher sehen,** erkennen Sie sie sofort und können sie herzlicher und selbstbewusster begrüßen.

- **Hobbys und Interessen der anderen Person** - zu wissen, wer sie oberflächlich gesehen ist, kann Ihnen helfen, schnell eine gemeinsame Basis zu finden.

- **Entscheidungsfindungsprozess** - Suche nach Namen und Positionierung, damit sie wissen, wie weit sie in jedem Gespräch gehen können und wer noch gebraucht wird.

- **Beruflicher Werdegang** - es gibt viele Möglichkeiten, ein glaubwürdiges Gespräch für alle Parteien zu führen, wenn man **weiß,** wie lange sie in ihrer aktuellen Position gearbeitet haben, für welche Unternehmen sie in der Vergangenheit gearbeitet haben und in welchen Branchen.

- **Gemeinsame Bekannte - die** andere Person weiß, was Sie wissen, Sie können ihren Namen im Gespräch verwenden und Sie können bestehendes Vertrauen nutzen, um ihr Vertrauen zu gewinnen.

- **Konkurrenten - Im** B2B-Bereich macht die Kenntnis Ihrer Konkurrenten deutlich, dass Sie deren Team sind und sie bei der Erreichung ihrer Ziele unterstützen.

- **Öffentliche Aufzeichnungen und Pressemitteilungen - die Kenntnis** ihrer Pläne, Auszeichnungen, Anerkennungen oder öffentlichen Anerkennungen ihres Beitrags zur Welt bietet Insiderinformationen, die über ihre Interessen und Ziele Auskunft geben können.

Die Erfahrung zeigt jedoch, dass dies auf lange Sicht viel Zeit spart und Sie im Moment des Gesprächs als echter Profi positioniert. Viele Informationen sind leicht verfügbar, wenn man sie finden will. Vor ein paar Jahren wäre dies noch eine gewaltige Aufgabe gewesen, aber heute liefert uns das Internet Informationen fast sofort und in der Regel ohne finanzielle Belastung. Unternehmenswebseiten enthalten Fakten, während persönliche Profile auf Facebook, LinkedIn und Twitter oft eine Fülle von wertvollen Informationen enthalten.

In einem Verkaufsgespräch versuchen Sie, das Vertrauen des Käufers zu gewinnen, dass Sie die richtige Person für die Stelle sind. Dies ist dem Vorstellungsgespräch sehr ähnlich, und es ist allgemein bekannt, dass Bewerber eine viel größere Chance auf Erfolg haben, wenn sie sich vor dem Gespräch über die Gelegenheit informieren.

Recherchieren Sie im Voraus, um Ihre Chancen zu erhöhen, den Zuschlag zu erhalten.

Machen Sie Ihr Glück selbst.

Für viele Menschen, die neue Türen öffnen wollen, wäre der ideale erste Ansatz eine Gelegenheit durch eine Empfehlung eines bestehenden Kunden oder Kontakts. Empfehlungen bieten wärmere Gelegenheiten und eine wesentlich höhere Erfolgswahrscheinlichkeit und damit mehr Vertrauen. Dieser Erfolg wird größtenteils durch die Übertragung von Vertrauen zwischen der Empfehlungsquelle und dem potenziellen neuen Käufer Ihres Produkts oder Ihrer Dienstleistung erzielt.

Durch eine Vorabprüfung kann dieses Vertrauen in Stein gemeißelt. Kaltakquise nachgebildet werden. Befolgen Sie diese drei einfachen Schritte

1. Finden Sie heraus, mit welchen Unternehmen potenzielle Käufer bereits Geschäfte machen.

2. Finden Sie heraus, wer die schärfsten Konkurrenten sind.

3. Finden Sie heraus, ob einer Ihrer gemeinsamen Bekannten lokal oder landesweit bekannt ist.

Auf der Grundlage dieser Informationen sollten die folgenden drei Elemente in dieser Reihenfolge in das Treffen aufgenommen werden

1. Beginnen Sie damit, offen darüber zu sprechen, woher Sie gemeinsame Bekannte kennen oder ein Interesse an ihnen haben.

2. Erwähnen Sie während des Gesprächs Unternehmen, die die gleiche oder eine ähnliche Arbeit leisten wie die Organisation, für die der Interessent arbeitet. Wenn es kein Unternehmen gibt, mit dem Sie vertraut sind, nennen Sie den Namen unter. .

   Beste bekannte Kontakte.

3. Schlagen Sie am Ende des Treffens subtil zukünftige Gespräche und Interaktionen mit Wettbewerbern vor.

Dieser einfache Schritt trägt dazu bei, Vertrauen durch gegenseitige Bekanntschaften aufzubauen und Glaubwürdigkeit zu erlangen, indem man Personen kennt, die in diesem Bereich tätig sind. Indem Sie dann mitteilen, dass Sie möglicherweise mit deren Konkurrenten zusammenarbeiten, erzeugen Sie Verlustängste. Indem Sie diese drei Schritte in Ihren Verkaufsgesprächen durchführen, können Sie die Wahrscheinlichkeit erhöhen, dass sich die Kunden für eine Zusammenarbeit mit Ihnen entscheiden.

Warenbestand

Die Teilnahme an Verkaufssitzungen kann entmutigend sein, aber das Ergebnis ist oft ein Mangel an Vorbereitung oder die Überlagerung durch Marketingmaterial. In meiner Laufbahn als Verkäuferin habe ich die Erfahrung gemacht, dass es einige "Must-haves" gibt, die für den Erfolg notwendig sind. Andere sind nur "nice to have" und können, was noch schlimmer ist, einen vom Verkaufen abhalten.

Notizblock und Stift - das Anfertigen von Notizen vor, während und nach einer Sitzung ist eine wertvolle Aufgabe. Wenn Sie sich Notizen machen, können Sie alles mitteilen, was Sie sagen wollen, zeigen, dass es Ihnen mit dem Geschäft ernst ist, können Sie sich wirksam Gehör verschaffen und sicherstellen, dass alle relevanten Vereinbarungen umgesetzt werden. Gehen Sie nicht nach Hause, ohne sich Notizen zu machen.

Watch-Time ist sowohl für Verkäufer als auch für Kunden eine unschätzbare Ressource. Zeit zu schätzen ist eine Abkürzung zum Erfolg. Das Tragen einer Uhr ist ein visueller Indikator dafür, dass Sie Ihre Zeit schätzen.

.Terminkalender - Ohne Terminkalender ist es unmöglich, Folgemaßnahmen zu planen, Termine zu verschieben und Prioritäten zu setzen. Heutzutage hat sich das Konzept des Terminkalenders von traditionellen papierbasierten Terminkalendern auf gängigere elektronische Optionen erweitert, die mit mehreren Geräten verbunden werden können. Ziel ist es, jederzeit auf Ihren Terminkalender zugreifen zu können und sich bei Gesprächen mit

Kunden und Interessenten darauf zu beziehen. Halten Sie ihn immer griffbereit.

Telefon - Die Welt des Verkaufs ist schnelllebig und von wechselnden Umständen geprägt. Sie müssen in der Lage sein, sofort zu kommunizieren und den Schwung beizubehalten, wenn Sie zum Telefon greifen, ein echtes Gespräch führen und Entscheidungen treffen können. Das Telefon ist der beste Freund des Vertriebsmitarbeiters.

Genaue Kundenaufzeichnungen - Von Beginn Ihrer Reise an müssen Sie genaue Aufzeichnungen über alle Ihre bestehenden und potenziellen Kunden führen. Ganz gleich, ob es sich um ein computergestütztes CRM-System (.) oder um eine Kundenkartei auf Papier (.) handelt, eine flüssige Aufzeichnung der Korrespondenz und der Informationen wird Ihnen zusätzliche Geschäftsmöglichkeiten verschaffen, da Sie über ein perfektes Gedächtnis verfügen, von dem Sie wissen, dass Sie es selbst nicht haben.

Instrumente zur Datenerfassung - Früher verteilte man Visitenkarten in der Hoffnung, dass sich daraus ein interessantes Gespräch ergeben würde. Sammeln Sie stattdessen die Kontaktdaten anderer Menschen und seien Sie bereit, ihnen Ihre. basierte Einführung zukommen zu lassen, sobald Sie sie persönlich treffen. Seien Sie bereit, Telefonnummern und E-Mail-Adressen auszutauschen (.) oder sich auf Social-Media-Plattformen zu vernetzen - entscheiden Sie einfach, wie Sie vorgehen wollen, und seien Sie bereit, schnell zu handeln, wenn der Moment kommt.

Bestellformulare - das ist eine Selbstverständlichkeit, aber ich habe schon viele Verkäufer gesehen, die eine Gelegenheit verpasst haben, weil sie nicht sofort eine Bestellung aufgeben konnten. ......!

Viele von Ihnen, die dies lesen, denken vielleicht, dass es so viele andere Dinge gibt, die ein Unternehmen braucht.

Bedenken Sie jedoch, dass die Aufgabe des Vertriebsmitarbeiters darin besteht, dem potenziellen Kunden genügend Informationen zu geben, um eine Entscheidung zu treffen, und ihn dann zu bitten, diese Entscheidung zu treffen.. Vorgeschriebene Verkaufspräsentatoren,

Produktbroschüren und Muster geben den Kunden das Gefühl, dass sie verkauft werden, und führen sehr oft zu unentschlossenen Antworten wie "Lassen Sie mir eine Broschüre da und ich rufe Sie zurück".

Konzentration auf das Spiel

Die Verantwortung für die Gewinnung neuer Kunden zu übernehmen, kann entmutigend sein. Sie ist mit Herausforderungen und Hindernissen verbunden, von denen viele Menschen nicht einmal wussten, dass sie existieren, bevor sie sich mit potenziellen Kunden trafen und versuchten, deren Entscheidungen zu beeinflussen. Lange Tage und unvorhersehbare Ergebnisse machen es schwierig, positiv zu denken, optimistisch zu bleiben und eine hohe Energie aufrechtzuerhalten.

Im Laufe der Jahre habe ich jedoch einfache Fertigkeiten und Techniken erlernt, die mir und vielen meiner Kunden wirklich geholfen haben, Herausforderungen zu meistern und weiterhin erfolgreiche Geschäftsbücher zu produzieren.

- Nehmen Sie sich etwas Zeit, um darüber nachzudenken, *warum Sie* tun, was Sie tun. Ihr Unternehmen sollte ein Mittel sein, um alles zu erreichen, was Sie sich im Leben wünschen. Machen Sie eine detaillierte Liste all der Dinge, die Sie erreichen wollen, der Ereignisse, die Sie erleben wollen, der Eigenschaften, die Sie besitzen wollen, usw. Wenn Sie sich darüber im Klaren sind, warum Sie diese Anstrengungen unternehmen, sollten Sie die Entschlossenheit aufbringen, auch schwierige Zeiten zu überstehen.

- Denken Sie an die Menschen, von denen Sie Ratschläge annehmen. Von dem Moment an, in dem Sie geboren werden, werden Sie von Ihrer Umgebung geprägt, und die Menschen, mit denen Sie Zeit verbringen, haben einen großen Einfluss auf Ihr Leben. Ich habe sowohl die Extreme positiver als auch negativer Konditionierung erlebt und daraus unzählige Lektionen gelernt. Es sind jedoch die Menschen, die uns am nächsten stehen, um die wir uns am meisten kümmern müssen. Unsere Lieben, unsere Familie und unsere

Freunde haben alle große Gefühle, und wenn sie Zweifel oder Vorsicht in Ihre Pläne einfließen lassen, offenbaren sie oft eine Pflicht zur Vorsicht und Sicherheit. Deshalb spreche ich nur selten mit meiner Familie über Geschäfte. Das liegt daran, dass sie in ganz anderen Welten konditioniert sind. Nehmen Sie die Ratschläge, die Sie für die Entwicklung Ihres Unternehmens benötigen, nur von Menschen an, die das erreicht haben, was Sie zu erreichen versuchen.

- Die meisten Menschen, die sich ihre Erfolge vor Augen führen, haben eine riesige Liste mit unerledigten Aufgaben, die in irgendeiner Form auf der To-Do-Liste. stehen. Der Versuch, die unmögliche Aufgabe, diese Liste abzuarbeiten, zu bewältigen, ist bestenfalls anstrengend, und einen Berg von unerledigten Aufgaben vor sich zu haben, wirkt sich mit Sicherheit negativ auf Ihr Selbstvertrauen aus. Selbstvertrauen baut sich aus Ihren Erfahrungen auf. In Ihrem bisherigen Leben haben Sie wahrscheinlich Hunderte von bedeutenden Erfolgen erzielt und vergessen, dass Sie eine Erfolgsbilanz vorweisen können. Wirken Sie Ihrer unvollständigen Liste von Aufgaben entgegen, indem Sie ein Erfolgstagebuch führen und so viele persönliche Erfolge wie möglich aufzeichnen. Gehen Sie so weit zurück, wie Sie sich erinnern können, listen Sie Ihre Siege auf und ergänzen Sie die Liste immer wieder. Indem ich ein Tagebuch über solche Erfolge führe, umgeben von Fotos aller Auszeichnungen, Trophäen und stolzen Momente, und mich selbst daran erinnere, dass ich auf vergangenen Erfolgen aufbaue, kann ich meine Selbstzweifel. in Schach halten.

- Einen Mentor haben. Jemanden zu wählen, der aus seiner Erfahrung schöpfen kann, der Ihre Fragen beantwortet und Ihnen hilft, Fragen zu stellen, die Sie sich vielleicht nicht trauen, selbst zu stellen, kann eine große Hilfe bei der Bewältigung schwieriger Zeiten sein. Denken Sie daran, dass nicht der Mentor Sie auswählt, sondern Sie Ihren Mentor.

- Gewinne, wenn du gewinnst. Wenn Sie einmal erfolgreich sind, ist es sehr leicht, den Fuß vom Gaspedal zu nehmen und das Rampenlicht zu genießen. Seien Sie Ihr eigener Champion, und wenn die Dinge gut laufen, reiten Sie weiter auf der Welle und genießen Sie den Schwung.

seinen Feind kennen

Das Vorhandensein von Konkurrenten bestätigt, dass es einen echten Markt gibt, und bietet einen Maßstab, mit dem man sich vergleichen kann. Niemand will ein Pferderennen wie. gewinnen. Um sich und sein Produkt richtig vermarkten zu können, muss man seine Position auf dem Gesamtmarkt kennen.

Überlegen Sie sorgfältig, inwiefern Sie Ihren Konkurrenten ähnlich sind und worin Sie sich von ihnen unterscheiden. Vielleicht finden Sie Nuancen, die sich von anderen Unternehmen unterscheiden, eher im "Warum" und "Wie" als im "Was".

Sie werden sich oft in Gesprächen wiederfinden, in denen Sie gegen Ihre Konkurrenten verkaufen. Um als anders als Ihre Konkurrenten wahrgenommen zu werden, müssen Sie zeigen, dass Sie anders sind und anders handeln. Um dies zu tun, können Sie zeigen, dass Sie anders sind, indem Sie wissen, womit Sie verglichen werden. Die Analyse Ihrer Konkurrenten wird Ihnen helfen, genau zu verstehen, wie Sie sie übertreffen, Ihren Marktanteil vergrößern und intelligent über den Wert sprechen können, den Sie im Vergleich zu Ihren Mitbewerbern bieten.

Die minimalen Bereiche, die Sie analysieren müssen, sind die Komponenten einer SWOT-Analyse. Machen Sie sich diese Bereiche bewusst.

Stärken - in welchen spezifischen Bereichen haben Sie das Gefühl, dass die Konkurrenz einen Vorteil hat?

Schwächen - in welchen Bereichen ist die Konkurrenz derzeit exponiert?

Chance - wie können Sie Ihrem Unternehmen einen Vorteil verschaffen?

Bedrohungen - wo müssen Sie sich vor deren Stärken schützen und wie könnte sich dies auf Ihren Erfolg auswirken?

Die daraus gewonnenen Erkenntnisse sollen nur dazu dienen, Ihren Wert auf dem Markt zu positionieren. Um von Ihren Kunden respektiert zu werden, dürfen Sie Ihren eigenen Wert nicht dadurch herabsetzen, dass Sie Ihre Konkurrenten schlechtreden. . Sprechen Sie dazu einfach darüber, was Ihre Konkurrenten tun und was Sie anders machen.

Ebenen des Erfolgs Großes Denken

Ein Sprichwort, das seit Jahrzehnten in Verkaufsseminaren verwendet wird, lautet, dass jedes "Nein" nur ein Schritt zu einem "Ja" ist. Ich verstehe zwar die Prämisse hinter diesem Sprichwort - Beharrlichkeit, Optimismus und Entschlossenheit -, aber ich habe immer mit seiner praktischen Anwendbarkeit in der realen Welt zu kämpfen gehabt.

Meine persönliche Erfahrung zeigt, dass es jedes Mal weh tut, wenn ich das Wort "Nein" höre. Ich nehme diese Ablehnung persönlich, und diese unterschwellige Angst vor Ablehnung ist einer der Faktoren, der viele sehr talentierte Menschen daran hindert, ihr wahres Potenzial auszuschöpfen.

Die Fokussierung auf das konkrete Ergebnis des Verkaufsgesprächs kann zwei sehr negative Folgen haben: erstens den starken Druck, den Verkauf auf der Stelle zu gewinnen, und zweitens die Überzeugung, dass der zu erzielende Erfolg begrenzt ist. Infolgedessen können sie aus Angst vor Ablehnung Gelegenheiten verpassen oder den Erfolg feiern, bevor die Arbeit erledigt ist.

Denken Sie an all die Geschäfte, an denen Sie beteiligt waren. Wenn Sie ehrlich über jedes einzelne nachdenken, werden Sie feststellen, dass es immer mehr Möglichkeiten gab und dass Sie in diesem Moment mehr hätten herausholen können. Enthusiasmus in Verbindung mit mangelnder Vorbereitung kann dazu führen, dass Sie den Moment mit Gedanken wie "Ich hätte dies sagen sollen", "Ich hätte diese Frage stellen sollen" oder "Ich hätte Erfolg haben können, wenn ich diese Werkzeuge gehabt hätte" verlassen.

Die Lösung besteht darin, vor jeder Gelegenheit mehrere Stufen des eigenen Erfolgs zu planen und die spezifischen Ergebnisse zu berücksichtigen, die Sie im Vorfeld erreichen wollen. Sie haben die vollständige Kontrolle darüber, was Ihren eigenen Erfolg in jedem Gespräch ausmacht. Die folgenden neun Schritte bilden einen typischen Vorbereitungsplan für mich und meine Kunden

1. Sie repräsentieren sich und das Unternehmen gut.

2. Beziehung aufbauen.

3. Schaffen Sie Gelegenheiten, um Ihre Dienstleistungen wirklich zu präsentieren.

4. Sorgen Sie dafür, dass die Käufer eine fundierte Entscheidung treffen können.

5. Einholen einer Entscheidung.

6. Finden Sie heraus, welche Möglichkeiten sich in der Zukunft bieten werden.

7. Die folgenden Maßnahmen sind geplant.

8. Beantragen Sie eine Empfehlung.

9. Einholen von Empfehlungen.

Auch die Wahrscheinlichkeit, dass man vergisst, etwas mitzubringen, etwas zu sagen oder etwas zu tun, wird dadurch erheblich verringert. Es ist eine gute Praxis, das gewünschte Ergebnis vor jedem Verkaufsgespräch physisch zu dokumentieren. Dafür gibt es eine Reihe von ganz konkreten Gründen.

Vertrauen

Verkaufserfolg ist keine Schwarz-Weiß-Malerei. Sehr oft entscheiden sich Kunden nicht beim ersten Treffen, mit Ihnen ins Geschäft zu kommen. Wenn man den Käufer versteht und weiß, wie erfolgreich er ist, kann man die Folgen eines Ja oder Nein aus dem Weg räumen, so dass man nicht wirklich scheitert. Das Schlimmste ist, dass sie einfach *noch* nicht erfolgreich waren.

Wenn Sie die erste Stufe des Erfolgs zu etwas machen, das Sie kontrollieren können, werden Sie immer ein gewisses Maß an Erfolg erreichen. Wenn Sie dies kontinuierlich erreichen, ist der Ball im Spiel und Sie haben bereits begonnen, erfolgreich zu sein. Manchmal können Sie diesen Schritt in einem Zug vollziehen, manchmal dauert es länger. Aber in jedem Fall sind Sie auf der Gewinnerseite, und die Erfolge, die Sie bisher erzielt haben, geben Ihnen Selbstvertrauen. Indem Sie Ihre Erfolge in kleinere Stufen unterteilen, haben Sie eine viel größere Chance, sich als Sieger zu fühlen. Die Anhäufung von Erfolgen führt zu weiteren Erfolgen.

Struktur

Die Erfolgsplanung vor dem Start hilft Ihnen, die Kontrolle zu übernehmen und die Richtung vorzugeben. So können Sie jede Stufe einzeln durchgehen und im Geiste abhaken.. Stellen Sie sich vor, Sie bauen ein Möbelstück zusammen: Es ist wahrscheinlicher, dass Sie ein fertiges Stück erhalten, wenn Sie die Anweisungen Schritt für Schritt in der richtigen Reihenfolge durchgehen, anstatt zu versuchen, alle Kisten zu öffnen.

Sie haben die Möglichkeit, vor jedem wichtigen Gespräch Ihren eigenen strukturierten und systematischen Prozess zu entwickeln. Durch Planung, Ausführung und Wiederholung gewinnen Sie mehr und mehr Kontrolle über die Gespräche, an denen Sie teilnehmen.

MEHR GEHEN.

Anstatt die Besprechung mit der ersten Entscheidung zu beenden, können Sie nun die Tagesordnung erweitern, weitere Verkäufe tätigen, Informationen und andere wertvolle Ressourcen sammeln. Indem Sie zum nächsten Schritt übergehen, behalten Sie die Kontrolle und können Ihre unmittelbaren Umsätze und zukünftigen Chancen steigern. Außerdem sparen Sie so Zeit für die Nachbereitung (.).

3
Gelegenheiten gibt es überall.

Die ersten beiden Kapitel haben Sie darauf vorbereitet, im Gespräch erfolgreicher zu sein. Die Kunst des Verkaufens konzentriert sich auf Ihre Fähigkeit, Gelegenheiten zu schaffen und deren Entscheidung zu beeinflussen, zu zahlen und die von Ihnen angebotenen Waren oder Dienstleistungen zu erhalten.

Wir haben bereits gelernt, dass man die Antworten auf zwei sehr wichtige Fragen kennen muss, um im Verkauf erfolgreich zu sein.

1. Wer sind die Menschen, denen Sie Dienstleistungen anbieten?

2. Was ist das Problem, das für sie gelöst werden muss?

Je klarer Sie diese Fragen beantworten können, desto mehr werden Sie erkennen, dass der Beruf des Verkäufers nicht nur unverzichtbar, sondern auch von großem Nutzen für die Gesellschaft als Ganzes ist. Die Menschen sind manchmal nicht in der Lage, ihre Ziele und Wünsche zu erreichen, weil sie unentschlossen sind, immer wieder zögern und nicht wissen, was sie tun sollen. Ihr Beruf hat die Aufgabe, sich um diejenigen zu kümmern, die Ihre Hilfe benötigen, ihr Vertrauen zu gewinnen und sie bei der Entscheidungsfindung zu unterstützen.. Sie helfen denjenigen, die von Ihrer Arbeit profitieren könnten, diesen Nutzen auch tatsächlich zu realisieren.

Entscheiden Sie sich heute, dass es Ihre Aufgabe ist, Menschen zu helfen, und dass Ihre Rolle als Vertriebsmitarbeiter darin besteht, ihnen zu dienen. Wenn Sie dies tun, werden Sie bald erkennen, dass es überall Möglichkeiten gibt, Menschen zu helfen, und dass es ein großes Potenzial gibt, Ihren Kundenstamm zu erweitern.

In diesem Kapitel geht es um die genauen Techniken und Fertigkeiten, mit denen Sie die zahlreichen Möglichkeiten nutzen können, die sich Ihnen bieten und die zu mehr Verkaufsmöglichkeiten führen.

Wie sehen Sie aus?

Der Aufbau einer Beziehung ist eine entscheidende Fähigkeit, um neue Kunden zu gewinnen, aber es beginnt mit einer einfachen Maßnahme, die oft übersehen wird. Das erste, was Menschen denken, wenn sie Sie zum ersten Mal treffen, ist: "Finde ich Sie attraktiv?" Es ist erwiesen, dass wir alle attraktiver sind, wenn wir lächeln.

Das Magische am Lächeln ist, dass es ansteckend ist. Wenn Sie jemanden anlächeln, kann er nicht anders, als zurückzulächeln. Denken Sie an vergangene Verabredungen oder - ich wage es zu sagen - Flirtsessions zurück. Es beginnt alles mit einem Lächeln. Ein Lächeln ist der beste Eisbrecher. um eine neue Beziehung zu beginnen und seine Bedeutung wird oft übersehen. Ein Lächeln bewirkt mehr als nur das Anheben der Mundwinkel und die Zurschaustellung der perlweißen Zähne. Die warme Energie eines Lächelns wirkt sich auf viele weitere Bereiche aus.

- **Gesichtsausdruck - Ein Lächeln wird** mit dem ganzen Gesicht gezeigt. Sie haben das Gesicht eines Kindes am Morgen seines Geburtstages gesehen - das ist ein Beispiel für ein perfektes Lächeln. Wie oft lächeln Sie?

- **Körpersprache - zu verstehen,** wie man mit dem ganzen Körper lächelt, ist eine wichtige Lektion für die Anziehung von Menschen. Eine offene Körpersprache und eine positive Einstellung ziehen die Menschen an. Prüfen Sie, wie Sie sich in der Öffentlichkeit verhalten und ob Sie offen für ein Gespräch sind.

- **Stimme - Jeder, der** schon einmal über das Telefon verkauft oder gekauft hat, weiß, dass man ein Lächeln hören kann. In den ersten Sekunden eines Telefongesprächs können Sie die Wärme in der Stimme einer Person spüren und sofort entscheiden, ob Sie sie mögen oder nicht. Versetzen Sie sich in diesen Bereich, bevor Sie den Anruf tätigen.

- **Unternehmensimage** - denken Sie an das allgemeine "Lächeln" des Unternehmens. Das Logo, die Kleidung, das Auftreten am Telefon - alles ist Teil der Unternehmenspersönlichkeit und wird neue Kunden anziehen.

Aber manchmal vergessen wir, uns zu zeigen. Wir sind Gewohnheitstiere und brauchen Ermahnungen. Wenn Sie die Menschen auf dem Markt dazu ermutigen, ihr "glückliches Gesicht" einzuschalten, werden sie mehr lächeln. Versuchen Sie, sich mit Dingen zu umgeben, die Ihren "Happy Face"-Schalter auslösen und Erinnerungen wachrufen. Ich habe Spiegel mit der Aufschrift "Lächle - du bist auf der Bühne" an den Türen der Personalbereiche im Einzelhandel angebracht, gelbe Emojis mit glücklichen Gesichtern auf den Telefonhörern von Callcentern, aktualisierte Bildschirmschoner für Büroangestellte und in den Autos von reisenden Vertriebsmitarbeitern Affirmationen auf den Sonnenblenden der Autos von Außendienstmitarbeitern.

Networking für den Erfolg

Als Berufstätiger, egal in welchem Fachgebiet, werden Sie sich in der geheimnisvollen Welt des Business Networking wiederfinden. Ein Raum voller Menschen, die Sie noch nie zuvor getroffen haben, erzwungene Aktivitäten, Visitenkarten, die wie Konfetti auf Sie geworfen werden, und die Erwartung, dass sich die investierte Zeit auszahlt, können die ganze Erfahrung ziemlich entmutigend machen.

Ganz gleich, ob es sich um eine formelle, strukturierte Veranstaltung oder eine große Networking-Sitzung handelt, Sie sind sich bewusst, dass im Raum ein Potenzial für neue Geschäfte vorhanden ist und dass der Erfolg vom Gespräch abhängen kann. Warum also macht diese Übung den Teilnehmern so viel Angst?

Der Grund, warum Sie es schwierig finden, ist, dass Sie als Kind mit einer einfachen Liste von Worten konditioniert wurden. Sprich nicht mit Fremden". Die erste Herausforderung besteht darin, sich dieser Konditionierung zu widersetzen, und ich glaube, die einfachste Lösung ist, davon auszugehen, dass jeder so ziemlich dasselbe denkt wie Sie. Der Gedanke, dass alle Menschen ähnliche Gedanken und Gefühle haben, kann dazu führen, dass man sich etwas weniger ängstlich, entspannter und engagierter fühlt.

Die anfängliche Angst zu überwinden ist jedoch eine Sache. Hier sind einige einfache Regeln, die ich in die Praxis umgesetzt habe, um Ihnen beim Networking zum Erfolg zu verhelfen. Beherzigen Sie diese Regeln, und ich bin sicher, dass Sie sehr davon profitieren werden.

- Unabhängig von der Größe der Veranstaltung, die Sie planen, ist es unwahrscheinlich, dass Sie in der Lage sein werden, dauerhafte Geschäftsbeziehungen zu allen Anwesenden aufzubauen. Es wird jedoch immer jemand darunter sein, der in der Lage sein wird, eine Geschäftsbeziehung zu allen Anwesenden aufzubauen.

Ich bin für mich selbst wesentlich mehr wert als für andere. Setzen Sie sich Ziele und halten Sie sie ein. Knüpfen Sie ein paar neue Kontakte, verabreden Sie sich mit bestimmten Leuten usw. Wenn Sie einfach nur teilnehmen und abwarten, was passiert, überlassen Sie Ihren Erfolg dem Zufall. Wenn Sie vor der Veranstaltung über soziale Netzwerke Kontakte knüpfen können, können Sie die Veranstaltung selbst als formelles Treffen nutzen. Wenn eine Liste der Teilnehmer im Voraus verfügbar ist, sollten Sie vor der Veranstaltung recherchieren, wo Sie Ihre Bemühungen am besten konzentrieren können. Networking-Veranstaltungen sind eine sehr effektive Möglichkeit, neue Kontakte zu knüpfen. Wenn Sie im Voraus planen, können Sie das Beste aus Ihrer Zeit dort herausholen.

- Wissen, worüber man reden willWenn Sie einen Raum voller Fremder betreten, ist es am schwierigsten, ein Gespräch zu beginnen. Der einfachste Weg, ein Gespräch zu beginnen, ist, mit einem Thema zu beginnen, das Sie alle gemeinsam haben. Das Thema, das Sie alle gemeinsam haben, ist die Veranstaltung, an der Sie teilnehmen. Wenn Sie also eine Reihe von Fragen zu der Veranstaltung planen, können Sie eine angenehme Interaktion schaffen und Fremde kennen lernen.

- Die Frage "Was machen Sie denn so?", bei der es darum geht, wie Sie Menschen helfen, wird fast immer gestellt, aber der Empfänger ist oft verwirrt oder zögert mit der Antwort. Infolgedessen wird ihnen vielleicht der Name des Unternehmens, ihr Titel oder die

Branche, in der sie arbeiten, genannt, worauf nur selten ein anschauliches Gespräch folgt (.). Ihr Ziel ist es, mit dieser Frage das Interesse der Person zu wecken und ein Gespräch zu beginnen. Wenn Ihnen also diese Frage gestellt wird, formulieren Sie sie in Ihrem Kopf um in "Wie helfen Sie Menschen?" und beantworten Sie die Frage stattdessen. Eine einfache Möglichkeit, Ihre Antwort zu formulieren, besteht darin, zu sagen: "Ich helfe x, y zu erreichen". Auf diese Weise kann die Person mehr über Ihre Arbeit fragen. Bereiten Sie sich darauf vor, Beispiele oder Geschichten über Ihre Arbeit zu erzählen, anstatt Fakten zu nennen.

- Verkaufen Sie an den Raum. Dies steht im Gegensatz zu dem, was vielen Fachleuten in Bezug auf Networking beigebracht wird, basiert jedoch auf der einfachen Tatsache, dass Ihre besten Empfehlungen von bestehenden Kunden kommen werden. Um eine große Anzahl von Empfehlungen zu erhalten, müssen Sie daher eine angemessene Anzahl von Personen in Ihrem Netzwerk haben, die bereits mit Ihnen gearbeitet haben. Das bedeutet jedoch nicht, dass Sie Ihre Produkte oder Dienstleistungen anpreisen müssen. Suchen Sie nach Möglichkeiten, wie Sie den Menschen in Ihrem Netzwerk mit Ihrem Fachwissen helfen können. .Oder könnten Sie kostenlose Audits, Checklisten, Bewertungen usw. anbieten, damit mehr Menschen den Wert erkennen, den Sie Ihren Kunden bieten? Ihr Ziel ist es, mehr Menschen die Möglichkeit zu geben, Ihre Hilfe zum ersten Mal zu erfahren,. und diese Erfahrung mit anderen zu teilen.

Fragen an Fremde

- Was kann ich heute für Sie tun?
- Woher kennen Sie <Name>?
- Von wo aus sind Sie heute angereist?
- Was erhoffen Sie sich von dieser Veranstaltung?
- Wie haben Sie von der heutigen Veranstaltung erfahren?
- Nehmen Sie oft an solchen Veranstaltungen teil?
- Wie gefällt Ihnen die Veranstaltung?
- Gibt es jemanden, den Sie heute treffen möchten?

Die wichtigste Person in Ihrem Leben *sind Sie selbst*. Um diese Behauptung zu überprüfen, denken Sie an Ihr Klassenfoto in der Grundschule zurück. Auf wessen Gesicht hast du zuerst geschaut?

Das bedeutet, dass Sie im Umgang mit Menschen verstehen müssen, dass sie die wichtigsten Menschen in Ihrem Leben sind. Wenn man die Wahl hat, möchte man mit Menschen zu tun haben, die man kennt, mag und denen man vertraut. Um diese Gefühle aufzubauen, haben sie selten etwas über sich selbst zu sagen.

Entscheidungen werden eher mit Emotionen als mit Logik getroffen. Das Ergebnis, das Sie erreichen wollen, ist daher, dass es sich "richtig anfühlt", mit Ihnen Geschäfte zu machen, bevor Sie danach suchen, was "Sinn macht", mit Ihnen Geschäfte zu machen. Um in diesem Bereich voranzukommen, ist der erfolgreichste Ansatz, den Sie wählen können, zu verstehen, dass Ihre potenziellen Kunden die wichtigsten Menschen in ihrem Leben sind. Indem Sie echtes Interesse an ihnen zeigen, können Sie eine echte Verbindung zu ihnen, ihrer Situation und ihren Lebensumständen herstellen. Das bedeutet, dass Sie Fragen stellen und zuhören. Verwenden Sie die Antworten auf Ihre Fragen nicht, um sie über Ihre eigenen, ähnlichen Erfahrungen aufzuklären. Ermutigen Sie sie stattdessen, über die Details ihrer Antworten zu sprechen.

Indem Sie ihnen aufmerksam zuhören, zeigen Sie ihnen, dass sie Ihnen wichtig sind, und das gibt ihnen wiederum ein gutes Gefühl.. Viele Dienstleistungsunternehmen, die auf Stammkunden angewiesen sind, zeigen diese Fähigkeit in besonderem Maße. Finden Sie heraus, welche Dienstleister Sie am häufigsten in Anspruch nehmen - Friseure, Restaurants und Bars in Ihrer Nähe, Taxi- und Autodienste usw. Ihre Entscheidung, weiterhin mit solchen Anbietern Geschäfte zu machen, kann davon beeinflusst werden, was Sie als deren echtes Interesse an Ihnen empfinden.

Es ist auch sinnvoll, die für Sie wichtigen Äußerungen des Gesprächspartners zu notieren, damit Sie sie in künftigen Gesprächen und Diskussionen verwenden können.

Was verbirgt sich hinter einem Namen?

Für jeden Menschen auf der Welt ist der Klang des eigenen Namens das Schönste, was es gibt. Bestimmt gab es schon viele Momente, in denen Sie Ihren Namen in einer Menschenmenge hörten oder Ihren Namen auf einer Plakatwand sahen, und Sie konnten nicht anders, als sich zu ihm hingezogen zu fühlen.

Sich an die Namen anderer zu erinnern und sie zu verwenden, ist eine großartige Möglichkeit, um zu zeigen, dass Sie sich aufrichtig um andere kümmern. "Wie Ihre Frau sagte" und "Wie Charlotte sagte", "Wie geht es den Kindern? und "Wie geht es Amelia und Emily? Diese kleine Anpassung kann den großen Unterschied ausmachen. Das eine ist ein Versuch zu zeigen, dass man sich kümmert, das andere zeigt, dass man sich die Zeit genommen hat, sich zu kümmern.

Erinnern Sie sich an alle Namen Ihrer Lieben, und dann an alle Fakten, die für sie wichtig sind. Wenn es für sie wichtig ist, dann ist es auch für Sie wichtig - Familiennamen, Kosenamen, Lieblingssportmannschaften, wo sie zur Schule gegangen sind, woher sie kommen usw. .Wenn Sie diese Informationen in künftige Gespräche, Follow-up-E-Mails (.), Angebote und Besuche bei der Kundenbetreuung einfließen lassen, können Sie sich von der Konkurrenz abheben und mehr Möglichkeiten schaffen.

Machen Sie sich eindrucksvoller

Sie wollen sich nicht nur wichtige Fakten über andere merken, sondern auch einen Eindruck von sich selbst gewinnen. Es ist nicht leicht, sich Namen zu merken, aber ob sich andere an Ihren Namen erinnern oder nicht, wird Ihren Erfolg mit Sicherheit beeinflussen. Wenn die Leute Ihren Namen hören, wenn sie Sie zum ersten Mal treffen, sind sie in diesem Moment wahrscheinlich auf andere Dinge konzentriert und hören Sie nicht. Ein ganz einfacher Trick, um die Wahrscheinlichkeit zu erhöhen, dass man sich Ihren Namen merkt, besteht darin, den Prozess zu verlangsamen. Wenn Sie sich vorstellen, sagen Sie Ihren Namen zweimal. Sagen Sie zuerst, wie Sie am liebsten genannt werden, und dann Ihren vollständigen Namen, einschließlich Ihres Nachnamens. Mit anderen Worten: Ich stelle mich als "Phil, Philip Jones" vor und gebe den Leuten mehrere Gelegenheiten, sich meinen Namen zu merken. Das ist eine einfache Methode, aber sehr effektiv.

Ein Experte werden

Wenn Sie mehr Möglichkeiten schaffen, mehr Türen öffnen und einen Sturm von eingehenden Anfragen auslösen wollen, müssen Sie als Experte auf Ihrem Gebiet angesehen werden.

Das Wort *Experte ist* Ihnen vielleicht unangenehm und Sie fragen sich, wie Sie ein Experte werden können. Eine kleine Stimme in Ihrem Inneren sagt Ihnen vielleicht, dass Sie nicht genug studiert haben, nicht genug gelernt haben oder einfach nicht genug wissen, um als Experte anerkannt zu werden.

Wenn Sie einen ehrlichen Blick auf Ihre Erfahrung werfen, werden Sie feststellen, dass es viele Bereiche gibt, in denen Sie über umfassende Kenntnisse verfügen. Dabei kann es sich darum handeln, wie sich Ihre Fähigkeiten auf eine bestimmte Gruppe von Menschen auswirken, um eine persönliche Geschichte, die mit Ihrem Beruf zusammenhängt, oder um eine sehr spezifische Fähigkeit, die nur einen kleinen Teil Ihrer gesamten Arbeit ausmacht, aber eine reiche Wissensquelle darstellt. Indem Sie Ihr Fachwissen offenlegen und sich als solches positionieren, können Sie Ihren Ruf schneller aufbauen, Ihre Autorität etablieren und Gespräche mit mehr potenziellen Kunden beginnen.

Ihr Ziel ist es, *x in y zu sein.*

- Buchhalter für Zahnärzte.
- Immobilienmakler für Investoren in Houston.
- Ernährungsexperten für vielbeschäftigte Mütter.
- Branding-Spezialisten für Anwälte.
- Logistikpartner für eBay-Verkäufer

Diese spezifischen Mikro-Nischen bieten einen klaren Fokus für die Entwicklung einer Expertenplattform und helfen, mehr Möglichkeiten zu schaffen. Eine der schnellsten Möglichkeiten, sich als Experte zu profilieren, besteht darin, vor einem Publikum von potenziellen Kunden Vorträge zu Ihrem Thema zu halten. Dieser unmittelbare Effekt bietet großartige Leads. für neue Verkaufschancen. Bei der großen Anzahl lokaler Veranstaltungen gibt es immer wieder Gelegenheiten, Ihr Fachwissen zu präsentieren.

Es gibt viele Plattformen, auf denen Sie eine starke Botschaft aussenden können, die als professionell wahrgenommen wird.

- Reden bei Seminaren und Netzwerkveranstaltungen
- Verfassen von Gastbeiträgen für Branchenblogs und Zeitschriften
- Durchführung von Teleseminaren und Webinaren.
- Teilnahme an Radio- und Fernsehinterviews.
- Verbreitung von Podcasts
- Produktion von Informationsvideos für YouTube.

All diese Medienplattformen sind Bereiche, in denen Sie sich durch effektive Präsentationen als Experte auf Ihrem Gebiet etablieren, Ihr Publikum vergrößern, Leads generieren und den Umsatz steigern können.

Besser als in der Broschüre.

Daher produzieren viele Unternehmen weiterhin Druckerzeugnisse und Broschüren, um ihre Verkaufsaktivitäten zu unterstützen. In einigen Branchen sind Produktbroschüren ein unverzichtbares Hilfsmittel. Doch was als Hilfsmittel gedacht ist, kann in vielen Situationen schnell zum Hindernis werden. Es kann besser sein, die Broschüren, vor allem wenn sie die von Ihnen angebotenen Dienstleistungen begleiten, durch gedrucktes Material zu ersetzen, das über Ihre Tätigkeit informiert, durch ein nützliches Instrument, das den von Ihnen gebotenen Wert demonstriert.

Beispiele für großartige Broschürenalternativen, bei denen Ihr Fachwissen zum Tragen kommt, sind

- Spickzettel, Checklisten oder Selbstprüfungsinstrumente. .
- Produktmusterpackungen
- Bücher und Berichte, die Sie selbst verfasst oder zusammengestellt haben

Diese Muster werden oft an potenzielle Kunden verschenkt, werden seltener weggeworfen und sind viel wertvoller als Broschüren. Diese Beispiele sind ein Hebel, um den Bekanntheitsgrad und die Glaubwürdigkeit Ihres Unternehmens und Ihrer Dienstleistungen zu erhöhen und das Gespräch in Gang zu halten.

Werden Sie sozial

Die Technologie entwickelt sich in rasantem Tempo weiter, und diesem Wettbewerb immer einen Schritt voraus zu sein, ist für uns alle eine ständige Herausforderung. Die größte Veränderung, die ich bisher erlebt habe, ist die Einführung und Weiterentwicklung der sozialen Medien als Kommunikationsmittel. Es gibt unzählige Plattformen, die es uns ermöglichen, mit buchstäblich Millionen von Menschen auf der ganzen Welt in Verbindung zu bleiben. Soziale Medien sind ein großartiges Instrument für das Wachstum Ihres Unternehmens, können aber für viele Vertriebsmitarbeiter auch ein

Minenfeld der Verwirrung sein. Diese Netzwerke bieten Ihnen die Möglichkeit, mit anderen in Kontakt zu treten, aber sie bieten auch anderen die Möglichkeit, mit Ihnen in Kontakt zu treten, Sie zu beobachten und sich ein Urteil über Sie zu bilden, ohne dass Sie ein Gespräch führen müssen.

Soziale Medien ist der Sammelbegriff für Plattformen wie Facebook, LinkedIn, Twitter und YouTube. Diese Medien verändern die Art und Weise, wie wir kommunizieren. Diese Veränderungen in der Kommunikation sind dramatisch und viele Menschen haben Angst vor Veränderungen. Insbesondere müssen wir uns vor Veränderungen im Zusammenhang mit der Technologie in Acht nehmen.

Die sozialen Medien sind jedoch kaum mehr als moderne. "Mundpropaganda", ganz so, wie Sie es schon immer getan haben. Es geht darum, Beziehungen zu Ihren Kunden und Ihrer Gemeinschaft aufzubauen, zu verstehen, was andere über Sie sagen, Ihre Marke aufzubauen und Ihr Unternehmen zu vergrößern.

Das Eintauchen in diese Welt kann äußerst vorteilhaft sein, birgt aber auch erhebliche Risiken. Unabhängig von den Plattformen, die Sie nutzen, oder von der Entwicklung der Technologie wird diese einfache Drei-Schritte-Formel (.) Sie in die Lage versetzen, nachhaltige Verkaufserfolge mit sozialen Medien zu erzielen.

1. **Der erste Eindruck zählt - genau wie in der** realen Welt gibt es keine zweite Chance, einen ersten Eindruck zu hinterlassen. Nehmen Sie sich die Zeit, Ihr Profil vollständig auszufüllen, bevor Sie es veröffentlichen. Betrachten Sie Ihr Profil als ein Schaufenster und seien Sie sicher, dass es das Beste von dem darstellt, was Sie jetzt sind und in Zukunft sein werden. Vergewissern Sie sich, dass Ihre Biografie und Ihre Angaben auf dem neuesten Stand sind und Sie richtig repräsentieren. Optimieren Sie Ihr Profil, indem Sie es mit anderen digitalen Ressourcen verknüpfen, die Sie besitzen, und geben Sie Ihre Kontaktdaten in allen geeigneten Bereichen an.

   Auch das visuelle Erscheinungsbild ist auf allen Plattformen wichtig. Achten Sie auf ein einheitliches Branding, Farben und einen einheitlichen Schreibstil. Vergewissern Sie sich, dass alle verwendeten Grafiken auf die richtige Größe für die jeweilige Plattform zugeschnitten sind und auf allen wichtigen Geräten gut dargestellt werden. Überprüfen Sie das Erscheinungsbild auf Desktops, Laptops, Tablets und Mobiltelefonen, bevor Sie Ihr Profil in die Welt setzen. Wählen Sie ein Foto, das genau den Eindruck vermittelt, den Sie bei Ihrer neuen Begegnung erreichen wollen. Da die meisten Plattformen darauf ausgelegt sind, "sozial" zu sein, wird der Ausdruck, den Sie übermitteln, bei einem Menschen wahrscheinlich besser ankommen als ein Firmenname.

2. **Bauen Sie ein Publikum auf - Sobald Ihr** Profil vollständig ist, ist es einfach, Ihre Inhalte zu teilen, aber Sie vergessen vielleicht, dass Ihre Inhalte ohne ein Publikum bedeutungslos sind. Ihre Inhalte und Beiträge sind wichtig, aber nur, wenn die Leute zuhören. Soziale Medien sind ein besonders effektives Kommunikationsinstrument für Menschen, die Sie kennen, also beginnen Sie dort. Die meisten Plattformen ermöglichen es Ihnen, Ihre Kontakte von anderen Plattformen zu übernehmen. Wenn Sie sie geschäftlich nutzen, sollten Sie zunächst mit möglichst vielen Ihrer bestehenden Kunden und Kontakte in Kontakt treten. Darüber hinaus müssen Sie die Menschen wissen lassen, dass Sie aktiv an den sozialen Medien teilnehmen, indem Sie alle Kommunikationsmittel nutzen, die Sie derzeit verwenden. Das bedeutet, dass Sie Symbole für soziale Medien in Ihre E-Mail-Signatur. und Ihr Briefpapier einfügen, dies in Ihren Schreiben an Kunden erwähnen, Neuigkeiten auf Ihrer Website veröffentlichen und visuelle Hinweise auf Ihrem Verbraucherportal. einfügen, um die Menschen zu ermutigen, sich an der Konversation auf der von ihnen gewählten Plattform zu beteiligen. Da das Wachstum der Zielgruppe eine der wichtigsten strategischen Maßnahmen ist und Sie nur dieses Ziel vor Augen haben, sollten Sie in Erwägung ziehen, Ihren Einfluss zu vergrößern, indem Sie proaktiv Maßnahmen zu Ihren bestehenden Aktivitäten hinzufügen.

Kunden dazu zu bringen, sich mit Ihrem Profil zu verbinden, kann schwieriger sein, als nur zu fragen. Sie können Ihre Chancen erheblich verbessern, indem Sie Wettbewerbe und Angebote veranstalten und Menschen für den Besuch oder die Verbindung mit Ihrem Profil belohnen. Denken Sie daran, dass ohne ein Publikum all Ihre Aktivitäten umsonst sein könnten. Daher ist die Investition in Ihr Publikum für Ihren Erfolg in den sozialen Medien unerlässlich.

3. **Kommunikation** - Wenn es um Inhalte geht, ist es wichtig, daran zu denken, dass es sich um "soziale" Plattformen handelt. Nur wenige Menschen nutzen soziale Medien, um etwas verkauft zu bekommen. Um sie interessant zu machen, muss die Kommunikation abwechslungsreich sein und Menschlichkeit zeigen. Ausgehende Inhalte sollten immer abwechslungsreich sein, denn monotone Botschaften können langweilig werden und die Menschen hören nicht mehr zu. Für mich bedeutet das, dass ich Inhalte in Bereichen wie den folgenden erstellen sollte.

   ○ **Bildung - Zeigen Sie Ihr** Fachwissen, indem Sie Ihre eigenen Inhalte (.) über verschiedene Medien wie Blogbeiträge, Infografiken und Videos verbreiten. Teilen Sie auch gute Inhalte von anderen Unternehmen in Ihrer Branche, die über wertvolle Informationen verfügen, die Ihrem Publikum helfen können. Die Bereitstellung sowohl von selbst erstellten als auch von kuratierten Inhalten stellt ein wertvolles Gleichgewicht dar und sorgt dafür, dass Ihre Inhalte von denjenigen, die sie teilen, als gute Begleiter angesehen werden.

   ○ Soziale Medien sind ein Instrument, um Gespräche zu beginnen und zu führen. Folgen Sie Ihren Kunden, Lieferanten und potenziellen Kunden und beteiligen Sie sie an deren ausgehender Kommunikation. Erstellen Sie außerdem Beiträge und Inhalte, die Fragen aufwerfen und andere dazu ermutigen, sich an der Konversation zu beteiligen.

   ○ **Unterhalten - Ein** wichtiger Grund, warum viele Menschen Zeit damit verbringen, anderen auf sozialen Medien zu folgen, ist der Wunsch nach Unterhaltung. Erzählen Sie mehr von sich selbst, indem Sie Ihren Lebensstil vorstellen, Ihre Erfahrungen teilen und Ihre verborgenen Talente zeigen. Und wenn Sie etwas

Interessantes finden, erzählen Sie Ihrem Netzwerk davon mit Ihren eigenen Kommentaren und Anmerkungen.

- o **Peinlichkeit - epische** Misserfolge erzeugen fast immer mehr Engagement als brillante Erfolgsgeschichten. Das Erzählen peinlicher Wahrheiten auf eine unbeschwerte Art und Weise hält die Stimmung gesellig, zeigt eine Seite von Ihnen, die normalerweise in der Unternehmenswelt nicht zu sehen ist, und vermittelt Ihrem Publikum ein Gefühl dafür, wer Sie als Person sind.

sozialer Beweis

Es spielt keine Rolle, wie gut Sie sind, wenn Sie nicht im Vorfeld Beweise für Ihren Ruf hinterlassen, die andere sehen können. Wir leben in einer Welt, in der die Verbraucher die Macht haben, über den Erfolg eines Unternehmens zu entscheiden, je nachdem, wie sie das Angebot beurteilen und bewerten. Es ist Ihre Aufgabe, zukünftigen Käufern zu beweisen, dass Sie in allem, was Sie tun, hochkompetent sind, und es ihnen zu erleichtern, Ihnen ihr Vertrauen zu schenken, indem Sie die positiven Erfahrungen zeigen, die andere in der Vergangenheit gemacht haben, und dass Sie ihnen helfen können, eine erfolgreichere Zukunft aufzubauen von.

Große Sportler werden nach ihren früheren Leistungen beurteilt, und Teams stellen neue Trainer auf der Grundlage ihrer früheren Leistungen ein. Das Gleiche gilt für die Suche nach neuen Lieferanten. Wenn Sie nachweisen können, dass Sie in der Vergangenheit gute Arbeit für andere geleistet haben, ist das ein gutes Zeichen dafür, dass Sie auch für andere gute Arbeit leisten werden.

Dabei geht es um mehr als nur darum, Ihre Zeugnisse auf Ihrer Website, in einem Aktenschrank oder in einem Ordner in einer unteren Schublade neben den Briefen Ihrer Kunden aufzubewahren. In der heutigen Zeit ist sozialer Beweis eine der besten Überzeugungsfähigkeiten, die Sie haben, und der Ausbau Ihres sozialen Beweises ist in vielen modernen Unternehmen zu einem wesentlichen Bestandteil des Verkaufserfolgs geworden. Die meisten

Bewertungen, fünf Sterne, die Auszeichnung, und sind alles Pluspunkte, die es Ihnen und Ihrem Angebot ermöglichen, sich von der Konkurrenz abzuheben.. Mit den Worten anderer und der Glaubwürdigkeit Dritter können Sie Ihrer Präsentation Tiefe verleihen, ohne egozentrisch zu sein. kann dazu verwendet werden.

Die Verbreitung von Social Proof ist wichtig. Bevor Sie ihn präsentieren können, müssen Sie dafür sorgen, dass er gesammelt wird. Der Schlüssel dazu ist, um Hilfe zu bitten. Wir sind alle sehr beschäftigt und nehmen uns selten die Zeit, nette, nutzerfreundliche Dinge übereinander zu sagen.

Wenn Sie nach der Bereitstellung eines Produkts oder einer Dienstleistung fragen, ist die Wahrscheinlichkeit höher, dass Sie eine bessere Antwort erhalten, als wenn Sie erst fragen, wenn der Moment schon vorbei ist. Wenn Sie in einem Format fragen, das für die Kunden leicht zu handhaben ist, werden Sie wahrscheinlich auch bessere Ergebnisse erzielen. Es gibt so viele Formen von Rezensionen, Bewertungen und Erfahrungsberichten, dass Ihre Bemühungen ins Leere laufen könnten, wenn sie zu weit verstreut sind. Wählen Sie die Plattform, die den größten Einfluss auf Ihr Unternehmen haben wird, und beginnen Sie dort mit dem Aufbau eines soliden Nachweises für Ihre Dienstleistungen.

- Restaurants schauen auf Yelp und OpenTable.
- Hotels und Lodges können sich auch auf TripAdvisor
- konzentrieren.
- Der Autor verlässt sich auf Amazon-Rezensionen.
- Immobilienmakler können Zillow-Bewertungen verwenden.
- Medizinische Fachkräfte auf WebMD.
- Freiberufliche Dienstleistungen können sich an LinkedIn orientieren.

Es ist wichtig zu wissen, welche Mittel eingesetzt werden müssen und wie sie eingesetzt werden, um die Absatzchancen zu erhöhen.

Ein Beispiel, das ich in vielen Unternehmen erfolgreich eingesetzt habe, ist die Sammlung und Verwendung von Video-Testimonials.

Einfach darum zu bitten, kann großartige Ergebnisse bringen, aber es ist noch effektiver, wenn Sie vorbereitet sind. Sie können an Ort und Stelle ein Video aufnehmen, so dass Sie an Ort und Stelle handeln und aussagekräftige Kommentare von bestehenden Kunden zum perfekten Zeitpunkt einfangen können, um ihre Freude über Ihren Service auszudrücken. Bereiten Sie Ihre Ausrüstung vor, halten Sie Ihre Fragen bereit und sorgen Sie dafür, dass sie sich wohl fühlen. Es ist besser, zu viel Inhalt aufzunehmen als zu wenig.

Wenn Sie besser zuhören können, werden Sie viel mehr Inhalte haben, die Sie den Leuten vorsetzen und veröffentlichen wollen. Beispiele dafür, wie andere erfolgreich Social Proof eingesetzt haben, um ihren Verkaufserfolg zu steigern, sind

- Zusätzliche Kundenreferenzen für zukünftige Kundenreferenzen

- e. Stellen Sie Ihr LinkedIn-Profil denjenigen vor, die Sie per Post kontaktieren, und bitten Sie sie, Ihre Empfehlungen zu lesen.

- . Stellen Sie Auszeichnungen und Erfolge in stark frequentierten
- Kundenbereichen aus.

Hinterlassen Sie ein Zeugnis in der Mappe der Empfangsdame des Büros.

- Nutzen Sie das Volumen der Bewertungen, um die Sichtbarkeit in
- der Suche zu erhöhen

Machen Sie Fotos von Ihren Erlebnissen und stellen Sie sie in soziale Netzwerke ein.

- e. Hinzufügen von Video-Testimonials zu E-Mail-Signaturen und Angebotsdokumenten

- Ermutigen Sie dazu, positive Kommentare offen in sozialen Netzwerken zu veröffentlichen.

- Regelmäßige Aktualisierung des Kundenfeedbacks auf der Website, um spezifische Empfehlungen für bestimmte Dienstleistungen abzustimmen.

- Verwendung der Sprache anderer Personen in Marketingmaterialien.

Die Lehre aus all dem ist, dass Sie Ihren sozialen Beweis so vielen Menschen wie möglich zugänglich machen sollten. Ein direkter Link zur Quelle des Testimonials kann ebenfalls die Glaubwürdigkeit und Validität bei der Entscheidungsfindung erhöhen.. .

Einfache Skripte für Kundenfeedback

Hallo (Name einfügen), ich brauche einen schnellen Gefallen. (Halten Sie inne und warten Sie auf eine positive Antwort.) Wenn Sie mit der von uns geleisteten Arbeit zufrieden sind, wäre es sehr hilfreich, wenn Sie sich einen Augenblick Zeit nehmen und uns dies schriftlich mitteilen könnten... (Vielen herzlichen Dank. Wir werden natürlich versuchen, Ihre Worte in unserem Marketing zu verwenden und sie mit potenziellen neuen Kunden zu teilen. Wir freuen uns darauf, Ihre Kommentare bald zu lesen."

Zeugnisse von Preisträgern

Zeugnisse zu bekommen ist großartig, aber es gibt auch eine Menge zu gewinnen, wenn man Zeugnisse ausstellt. Die von Ihnen erstellten Zeugnisse werden wahrscheinlich in der Werbung der betreffenden Person verwendet, an ihrem Arbeitsplatz veröffentlicht oder mit ihrem Netzwerk geteilt.

Nehmen Sie sich Zeit für Ihre Worte und sorgen Sie dafür, dass diejenigen, die mit Ihren Empfehlungen in Berührung kommen, wissen, welchen Menschen Sie helfen und welche Probleme Sie für sie lösen. Sie werden überrascht sein, wie die Weitergabe des Nutzens, den Sie aus der Zusammenarbeit mit anderen gewonnen haben, das Interesse ihrer Netzwerke an Ihnen steigern kann.

Definition des Verkaufsprozesses

Das Interesse an Ihnen und Ihrem Produkt oder Ihrer Dienstleistung zu wecken, ist etwas ganz anderes als Käufer zu einer Entscheidung zu bewegen. Erfolgreiches Verkaufen beginnt mit dem Verständnis, dass es eine Reihe von schrittweisen Prozessen gibt, die befolgt werden müssen, wenn langfristiger Erfolg erzielt werden soll (.). Am einfachsten kann man sich diesen Prozess vorstellen, wenn man Parallelen zum Dating-Spiel zieht. Bei einer Verabredung hat man in der Regel ein bestimmtes zukünftiges Ziel vor Augen, aber die frühzeitige Bekanntgabe dieses Ziels führt selten zu einer dauerhaften Beziehung und dem gewünschten Erfolg. Wenn man den Prozess hinauszögert, wird das Ergebnis oft beschleunigt.

Wenn man eine körperliche Beziehung in Betracht zieht, ist es klar, dass eine Reihe von Schritten notwendig sind, damit die Beziehung voranschreitet. Einer der wichtigsten dieser Schritte ist immer die Positionierung der Beziehung als "erstes Date". Dieses Schlüsselelement ist im Verkaufsprozess ebenso wichtig wie in der Welt der Romantik.

Verkaufen zu können, erfordert fortgeschrittene Fähigkeiten, um das erste Date zu gewinnen. Bisher haben Sie viele Ideen und Strategien kennengelernt, wie Sie Gelegenheiten schaffen, sich auf den richtigen Moment vorbereiten und sich darauf konzentrieren, in diesem Moment zu beeindrucken. Jetzt ist es an der Zeit, genau zu erklären, wie Sie den Prozess der Entscheidungsfindung definieren, um das Gespräch zu führen, das zu Ihrem ersten Verkauf mit dem Käufer führt.

Ohne Gespräche ist es sehr selten, dass Sie eine langfristige. profitable und erfolgreiche Beziehung zu einem Kunden haben. Zeit. zu erkennen, dass der ehrenwerte Prozess wahrscheinlich nie aufhören wird, wahr zu sein.

- Fragen schaffen Gesprächsstoff.
- Durch Gespräche werden Beziehungen aufgebaut.
- Beziehungen eröffnen neue Möglichkeiten.

- Chancen führen zu Verkäufen.

Der Verkaufserfolg steht in direktem Zusammenhang mit der Quantität und Qualität der Gespräche, die Sie führen. Wenn Ihr Ziel darin besteht, mehr Aufträge zu erhalten, müssen Sie zunächst den genauen Prozess ermitteln, mit dem Sie die richtigen Personen erreichen können.

ans Telefon gehen

Ihre Aufgabe als professioneller Verkäufer besteht darin, den Tag des Kunden so weit zu unterbrechen, dass er Herausforderungen und Möglichkeiten entdeckt, die ihm nicht bewusst sind, seine Glaubwürdigkeit bei der Lösung dieser Herausforderungen zu zeigen und ihn zu sinnvollen Schritten in Richtung einer Lösung einzuladen. Eine der wirkungsvollsten Möglichkeiten, diese Interaktion einzuleiten, ist das Telefonat mit potenziellen Kunden, um einen Termin zu vereinbaren oder weitere Gespräche zu führen, um die Gelegenheit zu nutzen.

Wenn es Ihnen so geht wie mir, nehmen Sie nicht gerne den Hörer in die Hand, um mit einem völlig Fremden zu sprechen. Wenn Sie den kalten Anruf logisch betrachten, fällt es Ihnen leicht, einigen unbestreitbaren Wahrheiten zuzustimmen.

- Es ist sehr wahrscheinlich, dass der Anruf zu einer für den anderen
- Teilnehmer ungünstigen Zeit erfolgt.

Es ist unwahrscheinlich, dass der Empfänger in diesem Moment an den Kauf Ihres Produkts oder Ihrer Dienstleistung denkt.

- Sie mögen es vielleicht nicht, wenn sie von Fremden angerufen
- werden.

Es ist ärgerlich, dass Sie ihren Tag unterbrechen.

Das bedeutet, dass die Erfolgschancen bei dieser Aktion gegen Sie gestapelt sind, noch bevor Sie beginnen. Wenn Sie das Zahlenspiel spielen, werden Ablehnungen zur Regel und Ihr Selbstvertrauen sinkt mit jedem Anruf.

Professionell zu sein bedeutet, dass Kaltakquise überhaupt nicht notwendig ist. Wenn Sie etwas schlauer sind, nur dann anrufen, wenn es wirklich nötig ist, und beratende Lösungen anbieten, können Sie das Telefon bald zu Ihrem besten Freund machen.

Um einen außerplanmäßigen Anruf erfolgreich einzuleiten, ist es wichtig, so schnell wie möglich nach der Annahme des Anrufs autorisiert zu werden. Die Standardstruktur, die ich lehre, um dies zu ermöglichen, folgt drei einfachen Schritten

1. **Begrüßung - eine** höfliche Begrüßung mit der Angabe, **wer Sie sind**

2. **Fakten -** unbestreitbare, übereinstimmende Beweise, auf denen ein Gespräch aufbauen kann

3. **Fragen -** leicht zu beantwortende Fragen, die die Fortsetzung des Gesprächs ermöglichen

Denken Sie über die in Kapitel 1 besprochene Liste nach, um zu lernen, wie Sie das Telefon effektiver öffnen können.

Freunde - Freunde sind Menschen, mit denen man regelmäßig in Kontakt steht. Der telefonische Kontakt zu ihnen ist alltäglich, so dass es etwas schwierig sein kann, aus geschäftlichen Gründen zum Telefon zu greifen.. Eine einfache und abweisungsfreie Möglichkeit, einem Freund Ihr Unternehmen vorzustellen, besteht darin, in der dritten Person zu fragen. Anstatt zu fragen: "Kennst du jemanden, der interessiert sein könnte? werden sie Ihnen oft sagen, dass sie es selbst sind.

Beispiel.

"Hallo, hier ist Phil. Sie haben viel Erfolg in Ihrem Geschäft und ich habe mich gefragt, ob Sie mir helfen könnten, mein Geschäft auszubauen?"

Aufzeichnungen - Aufzeichnungen über frühere Aufgaben oder besuchte Veranstaltungen können ein einfacher Grund für eine

Kontaktaufnahme sein. Sprechen Sie über Ihre Gemeinsamkeiten, z. B. über die Ereignisse oder Organisationen, die Sie dazu veranlasst haben, die Unterlagen der betreffenden Person zu beschaffen.

Beispiel.

"Hallo! Mein Name ist Phil Jones. Sie erinnern sich vielleicht nicht an mich, aber wir haben uns einmal bei einer Veranstaltung der Handelskammer in Wisconsin getroffen. Sind Sie immer noch in der Druckindustrie tätig?"

Branche - Ein Branchenexperte zu sein, ist immer wichtig, wenn Sie ein Gespräch führen. Die Tatsache, dass Sie Erfahrung in der Branche haben und mit ähnlichen Branchen zusammengearbeitet haben, ist oft schon Motivation genug, um sich mit Ihnen treffen zu wollen.

Beispiel.

"Hallo! Mein Name ist Phil Jones und ich bin Mitglied des Hospizes im Südosten Englands. Ich habe Ihre Anzeige in einer lokalen Fachzeitschrift gesehen und dachte, dass wir uns vielleicht gegenseitig helfen können. Wie hat sich Ihre Werbung bisher für Sie bewährt?"

E-Marketing - Menschen, die ihre Daten senden, um mit Ihnen online in Kontakt zu treten, sind sehr interessante Interessenten und sollten mit Respekt behandelt werden. Denken Sie daran zu erklären, warum sie auf Ihre Website gekommen sind, bevor Sie Ihr Produkt oder Ihre Dienstleistung beschreiben.

Beispiel.

"Hallo, hier ist Phil. Sie haben kürzlich unsere Website besucht und nach weiteren Informationen über Anlageimmobilien gesucht. Ich habe gesehen, dass Sie das elektronische Buch. heruntergeladen haben, und wollte nur sicherstellen, dass es erfolgreich heruntergeladen wurde."

Networking - Verabredungen zu treffen ist **einfach,** denn Sie werden mit jedem, den Sie treffen, kleine Verabredungen treffen. Diese Treffen sind oft ein Sprungbrett zu echten Verkaufsterminen.. Nutzen Sie diese Veranstaltungen - im Gegensatz zum Verkauf auf Veranstaltungen - um Termine zu vereinbaren.

Beispiel.

Es war schön, Sie heute kennenzulernen, und ich denke, wir haben einander viel zu bieten. An welchem Tag in der Woche könnten wir das Gespräch fortsetzen?

Verzeichnis - Um Personen aus **Ihrer** Mitgliedsorganisation oder Ihrem Verzeichnis einzuladen, müssen Sie sich kurz vorstellen. Sie können das Gespräch beginnen, indem Sie über die Organisation sprechen, der Sie beide angehören, und von dort aus weitermachen.

Beispiel.

"Hallo! Mein Name ist Phil Jones. Ich habe gesehen, dass Sie als Mitglied der Self. Storage Association registriert sind. Ich bin vor kurzem Mitglied geworden, haben Sie an der Jahreskonferenz teilgenommen?"

Gleicher Name - jeder, der Ihnen in diesem Abschnitt einfällt, fällt in eine der oben genannten Kategorien. Nehmen Sie den Hörer ab, beginnen Sie ein Gespräch und sehen Sie, wohin es führt.

Wenn Sie jedoch deutlich machen, warum Sie anrufen und was der Zweck des Anrufs ist, anstatt nur Ihr Produkt oder Ihre Dienstleistung vorzustellen, wird der Anruf viel einfacher sein, weniger wahrscheinlich abgelehnt werden und viel erfolgreicher sein.

keine Voicemail hinterlassen

Einige der Anrufe, die Sie tätigen, werden wahrscheinlich auf dem Anrufbeantworter landen. Ich rate Ihnen, Nachrichten auf der Mailbox so weit wie möglich zu vermeiden. Wenn Sie einen Anruf in

Abwesenheit hinterlassen, ist es wahrscheinlicher, dass Sie einen Rückruf erhalten, als eine Voicemail. Wenn Sie eine aufgezeichnete Nachricht hinterlassen, geben Sie die Kontrolle über das Gespräch an die andere Person ab. Legen Sie stattdessen den Hörer auf und versuchen Sie, die Person zu einem anderen Zeitpunkt zu erreichen, indem Sie die Tageszeit ändern, so dass Sie sie schließlich erreichen können.

Garantierte Erfolgsformel.

Ein häufiger Wunsch von Fachleuten ist es, alle ihre Geschäftsentwicklungsaktivitäten auf perfekte Interessenten zu richten, damit sie ihre Zeit auf kaufwillige Personen verwenden können, anstatt ihre Zeit zu verschwenden. Allerdings sind sie oft von den Antwortquoten enttäuscht und erkennen, dass es keine Abkürzungen zum Erfolg gibt. Meine größte Sorge bei solchen groß angelegten Kampagnen ist jedoch nicht, dass sie nicht den erhofften Erfolg haben, sondern dass das Unternehmen in diesem Fall nicht in der Lage sein könnte, die Resonanz zu bewältigen.

Fragt man Menschen, die ihren Kundenstamm vergrößern wollen, so ist die gewünschte Wachstumsrate im Verhältnis zur Kundenzahl oft eine sehr vernünftige Zahl. In den meisten Fällen ist Ihr Erfolg revolutionär, wenn Sie ein oder zwei neue Kunden pro Woche gewinnen können.

Was werden 100 neue Kunden für Ihr Unternehmen bedeuten?

Wenn Sie dieses Wachstum ernsthaft anstreben, gibt es bewährte Strategien, die Ihre Fähigkeit, Aufträge zu gewinnen, erheblich verbessern und Ihnen die volle Kontrolle über den Prozess geben. Zunächst müssen Sie bei der Suche nach vorqualifizierten Interessenten drei wichtige Aspekte berücksichtigen

1. Sie haben bereits entschieden, dass sie an dem Produkt oder der Dienstleistung interessiert sind, also werden ihnen die Anforderungen genau erklärt.

2. Die Menschen kaufen normalerweise ein. Daher haben Sie keine exklusiven Möglichkeiten.

3. Sie verlieren die Kontrolle über das Gespräch, weil sie nicht viel nachfragen müssen, um Lösungen anzubieten.

Vor diesem Hintergrund wird es sehr schwierig, potenzielle Kunden davon zu überzeugen, dass sie mit uns ins Geschäft kommen sollten, weil sie zu viele vorgefasste Meinungen haben.

Alternative Wege zum Markt sind ganz anders. Es gibt keinen schnellen Weg zur perfekten Gelegenheit, und oft ist die fehlende Zutat zum gewünschten Erfolg ein wenig zusätzliche Aktivität und eine Menge Orientierung.

- Nehmen Sie eine Liste mit mindestens 100 Namen.

- Um ein kurzes Treffen zwischen zwei Geschäftsleuten zu vereinbaren, rufen Sie so viele Kontakte wie möglich aus der Liste an, um einen Termin zu vereinbaren. Sagen Sie, dass Sie gerne 15 Minuten zusammen verbringen würden, um zu sehen, wie Sie sich gegenseitig helfen können.

- Dies sollte zu mindestens 10 Terminen führen. Bei diesen Terminen sollten Sie zunächst herausfinden, wie Sie ihnen helfen können. Fragen Sie sie dann, welche Anforderungen sie an Ihre Arbeit stellen, und suchen Sie nach einfachen Lösungen. Versuchen Sie nicht, zu verkaufen. Sie wollen lediglich herausfinden, ob es eine echte Geschäftsmöglichkeit gibt.

- Bei mindestens fünf Treffen wird die Nachfrage nach Ihrem Angebot deutlich. In solchen Fällen sollten Sie etwas sagen wie. In solchen Fällen bin ich mir nicht sicher, ob dies für Sie notwendig ist, aber kennt jemand jemanden, der Ihnen helfen könnte? Wenn Sie Ihr Unternehmen auf diese Weise präsentieren, gibt es keine Ablehnung und der Interessent kann leicht darauf antworten.

- Wenn Sie das tun, werden mindestens zwei Ihrer potenziellen Kunden bei Ihnen kaufen. Die gute Nachricht ist jedoch, dass diejenigen, die nicht kaufen, Sie in der Regel an andere potenzielle

Kunden weiterleiten. Es fällt ihnen leichter, Sie weiterzuleiten, als Ihnen zu sagen, warum sie nicht kaufen wollen.

Und sie wiederholen diesen Prozess immer wieder.

- 10 Rekruten
- 5 echte Chancen 2 Verkäufe
- Der Trick bei dieser Methode besteht darin, einfach Termine zu vereinbaren, ohne sich zu sehr festzulegen. Ja, Sie haben viele Termine. Aber wenn zwei neue Kunden pro Woche Ihr Geschäft verändern können, dann sind zehn Termine pro Woche es sicherlich wert. Sie dauern in der Regel weniger als eine Stunde, und Sie werden vielleicht feststellen, dass 10 Stunden pro Woche die beste Investition sind.

sich besorgt zeigen

Man kann viel über Kundenservice lernen, aber das meiste davon ist, einen hervorragenden Service zu bieten, sobald man einen Kunden gewonnen hat. Wenn Sie jeden potenziellen Kunden als Ihren "besten" Kunden behandeln, besteht eine gute Chance, dass er bald Ihr bester Kunde wird.

Wir sind davon überzeugt, dass viele der schönsten Geschenke, die Sie je gemacht haben, eher durchdacht und emotional waren, als durch große finanzielle Aufwendungen. Die Gewinnung von Kunden ist eng mit der romantischen Beziehung zu Ihrem Partner verbunden. Einige einfache Maßnahmen, die Sie ganz bewusst ergreifen können, sind.

- Loben und preisen Sie die andere Partei.
- Unterstützung in Zeiten der Not bieten.
- Erinnern Sie sich an ihre wichtigsten Daten und Ereignisse.
- Bieten Sie zufällige Freundlichkeitsakte an.
- Erstellen Sie eine Einführung, die für sie von Wert ist.
- Erinnern Sie sich an die richtige Art der Dankbarkeit.
- Öffnen Sie Türen für andere.

Wir haben viele Ideen und Kampagnen entwickelt und ausprobiert, um die Aufmerksamkeit von Interessenten und Kunden zu gewinnen. Dabei haben wir festgestellt, dass es einige sehr praktische Ideen gibt, die leicht umzusetzen sind und Jahr für Jahr gleichbleibend gute Ergebnisse liefern. In dem Maße, wie die Welt die digitale Kommunikation annimmt, wird sie nur noch effektiver werden. Ich wollte eine Kommunikationsform finden, die versteht, dass "der Gedanke zählt", die sicherstellt, dass meine Botschaft ankommt und Wirkung zeigt und Ergebnisse liefert.

Das Kommunikationsinstrument, das ich entwickelt habe, ist daher nichts anderes als eine handgeschriebene Karte.

Diese einfache Karte, gedruckt und gefaltet in hoher Qualität, hat mir als universelles Instrument für die Kommunikation mit potenziellen Kunden Tausende von Dollar an Einnahmen gebracht.

Die Erfolgskriterien für die Karten, die mein Unternehmen herstellt, lauten wie folgt

- Die Karte selbst ist innen leer, so dass eine handschriftliche Nachricht eingefügt werden kann.
- Auf der Rückseite finden Sie die wichtigsten Kontaktdaten.
- Auf der Vorderseite der Karte steht eine zeitlose und universelle
- Botschaft.
- Die Umschläge sind in leuchtenden Farben gehalten.

Die Adresse auf dem Umschlag ist handschriftlich vermerkt.

Es gibt unzählige Verwendungsmöglichkeiten, und egal, welche Karte Sie verschicken, Sie werden immer ihre Herzen gewinnen.

Beispiele für die Verwendung der Karte sind.

- Saatgut von Telefongesprächen mit potenziellen Kunden.
- Nachbereitung von Verkaufsgesprächen, die nicht zu Umsätzen führen
- Wertschätzung für die positiven Eindrücke von Menschen, die durch Networking kennen gelernt wurden.
- Ich gratuliere Ihnen zu Ihrem Erfolg.
- Dankbarkeit für den Auftrag
- Dankbarkeit für die Überweisung

Sehen Sie sich zum Beispiel die Karte an, die ich kürzlich verschickt habe, um eine sehr wichtige Gelegenheit zu sichern.

Lieber David.

Ich bewundere seit langem Ihr Unternehmen und die hervorragende Arbeit, die Sie leisten. Ich glaube, dass ich viel zum künftigen Erfolg Ihres Unternehmens beitragen kann, und würde gerne weiter mit Ihnen sprechen. Ich werde mich in Kürze mit Ihnen in Verbindung setzen, um zu besprechen, wie wir zusammenarbeiten können.

Ich danke Ihnen vielmals.

füllen.

Ein weiterer wichtiger Unterschied zwischen Karten und Briefen besteht darin, dass Karten aufgehängt werden, während Briefe abgeheftet werden. Folglich kann das eine ein Instrument zur Gewinnung von Empfehlungen für Ihr Unternehmen sein, während das andere eine sehr begrenzte Wirkung hat.

Wählen Sie einen Verbündeten

Der wichtigste Aspekt einer erfolgreichen Vertriebstätigkeit ist die Gewinnung neuer Kunden. Die Suche nach neuen Interessenten kann ein langwieriger und einsamer Prozess sein. Eine Möglichkeit, diesen Prozess zu beschleunigen und die Verantwortung für die Suche nach neuen Kunden zu teilen, besteht darin, sich mit anderen Fachleuten zusammenzutun, die einen ähnlichen Kundenstamm haben wie Sie und die Sie eher ihren Netzwerken als Ihren direkten Konkurrenten vorstellen können.

Der Vorteil solcher Partnerschaften besteht darin, dass sie die Sichtbarkeit für neue Gruppen beschleunigen und die Glaubwürdigkeit von Dritten weiter erhöhen (.). Durch solche Partnerschaften wird die Suche nach neuen Kunden von der Einzelsuche auf die Suche nach mehreren Kunden verlagert.

Dieser Ansatz ist Teil jeder Kampagne zum Geschäftswachstum, die ich persönlich oder mit Kunden durchgeführt habe. Diese Lektion wurde am besten umgesetzt, als wir unser Immobiliengeschäft entwickelten. Wir hatten ein Anlageimmobilienprodukt, das eine Alternative zu Rentenversicherungen darstellte. Dieses Produkt verlangte von den Kunden eine vernünftige Investition in Höhe von . , um langfristig beträchtliche Gewinne zu erzielen. Der Einsatz traditioneller Werbung und digitaler Medien, um Verkäufer für dieses Produkt zu finden, war inkonsequent und führte zu sehr unvorhersehbaren Ergebnissen.

Dies veranlasste uns, nach anderen Wegen zu suchen, um unsere idealen Kunden zu erreichen. Dabei stellte sich heraus, dass viele unserer potenziellen Kunden erfolgreiche Geschäftsinhaber und gut verdienende Geschäftsleute waren, die bereits wertvolle Kunden für Finanzberater, Buchhalter und Rechtsanwälte waren. Dies führte dazu, dass wir unseren Verkaufsprozess völlig umstellten, indem wir unzählige kleine Partnerschaften mit diesen Fachleuten eingingen und uns deren Klientel vorstellten, so dass wir das Ergebnis kontrollieren konnten. Stellen Sie sich vor, was für einen Unterschied es für Ihr Unternehmen bedeuten würde, wenn Sie Dutzende von

Empfehlungsaufträgen erhalten würden, die auf persönlichen Empfehlungen beruhen.

Dies lässt sich mit einigen einfachen Schritten bewerkstelligen.

- **Definieren Sie den Zielmarkt:** Finden Sie genau heraus, wer der ideale Kunde ist und wie seine aktuellen Konsumgewohnheiten aussehen.

- **Identifizieren Sie potenzielle Partnerbranchen:** Ziehen Sie alle potenziellen Produkt- und Dienstleistungsanbieter in Betracht, zu denen Sie bereits eine vertrauensvolle Beziehung auf dem Zielmarkt unterhalten.

- **Erstellen Sie eine Liste - listen Sie die** Namen und Kontaktdaten der Personen in der Organisation auf, **mit denen Sie sprechen möchten.**

- **Erfolgreiche** strategische Allianzen funktionieren nur, wenn beide Parteien für ihre Bemühungen belohnt werden. Finanzielle Belohnungen sind nur eine Form der Motivation, also überlegen Sie, was Sie sonst noch anbieten können. Fachwissen, Daten und Empfehlungen sind allesamt äußerst wertvoll.

- **Vereinbaren Sie Termine und bauen Sie Beziehungen auf -** treffen Sie sich von Angesicht zu Angesicht mit Menschen, denen Sie sich oder Ihr Unternehmen empfehlen wollen. Die Menschen ziehen es vor, Menschen vorgestellt zu werden, nicht Organisationen. Auch für die Person, die die Empfehlung ausspricht, ist dies lohnender.

- **Suchen Sie nach ersten Maßnahmen -** Bei der Erörterung von Bündnismöglichkeiten ist es leicht, sich für das große Ganze zu begeistern. Wenn dies geschieht, "wächst" die Idee und wird schnell zu einer großen Aufgabe. Die Erfahrung zeigt, dass eine zu große Veränderung nichts bewirkt. Fangen Sie also mit etwas Kleinem an. Ich suche in der Regel nur nach der ersten Einführung.

- Wenn Sie Empfehlungen erhalten, müssen Sie sich darüber im Klaren sein, dass Ihnen das wertvollste Gut einer anderen Person anvertraut wird. Handeln Sie entsprechend und kommunizieren Sie in jeder Phase mit dem Empfehlungsgeber.

- Sagen Sie "Danke" - Zwei der schönsten Worte in der englischen Sprache sind "Danke". Unabhängig vom Ergebnis sollten Sie sich die Zeit nehmen, Ihren aufrichtigen Dank für das Empfehlungsschreiben auszudrücken, das Sie erhalten haben.

- Übererfüllung: Was immer Sie dem Geworbenen versprochen haben, Sie müssen es übererfüllen. Das Hauptziel besteht darin, dass sich die geworbene Person bei dem Werber für die Empfehlung bedankt. Wenn Sie dieses Ergebnis erreichen, können Sie mit mehr Empfehlungen rechnen.

Ergreifen Sie noch heute Maßnahmen zum Aufbau starker Partnerschaften, indem Sie sich überlegen, wer Ihnen ein stabiles Geschäft bringen wird.

Einige kurze Tipps.

Wie wichtig es ist, regelmäßige Gespräche mit potenziellen Kunden zu führen, wurde in diesem Kapitel bereits mehrfach erwähnt. Das ist jedoch leichter gesagt als getan, und es ist nicht immer einfach, ihre Zeit zu gewinnen. Zusätzlich zu den bereits erwähnten Techniken finden Sie hier drei praktische Strategien, um Termine zu gewinnen.

Wertzeit

Ein Fehler, den viele Menschen machen, wenn sie versuchen, einen Termin zu bekommen, ist, zu lange zu fragen oder zu beschäftigt zu sein. Entscheidungsträger lassen sich oft von Neugierde leiten. Wenn Sie also beschäftigt aussehen und den Anschein erwecken, dass Sie gefragt sind, werden sie motivierter sein, sich mit Ihnen zu treffen, damit sie nichts verpassen. Wenn Sie einen Termin vereinbaren, ist es wahrscheinlicher, dass Sie einen kürzeren Termin bekommen, wenn Sie eine Zeit vorschlagen, zu der sich das Treffen nicht in die Länge zieht - wenn Sie nach 10 Uhr oder 20 Uhr vorschlagen, ist es für sie einfacher, einen Termin zu finden. Wenn ein Zeitfenster angegeben wird, neigen die Leute dazu, davon auszugehen, dass sie einem Treffen zu dieser Zeit zustimmen müssen.

Zwei Ja-Versionen.

Sie haben bereits verstanden, wie wichtig es ist, im Gespräch die Initiative zu ergreifen: Wenn Sie zwei Termine vorschlagen und fragen: "Was passt Ihnen am besten?", wird er sich entweder auf einen der beiden Termine festlegen oder eine Alternative vorschlagen, was zu einem Termin führt.

Der garantierte Termin. Es wird immer Zeiten geben, in denen ein Termin unerreichbar scheint. Eine ganz besondere Art, sich einen Termin zu sichern, ist es, Kunde des Unternehmens zu werden, mit dem man zusammenarbeiten möchte. Als Kunde des Unternehmens sind Sie für das·Unternehmen viel wertvoller und man wird gerne mit Ihnen zusammenarbeiten.

Es lohnt sich also, Ihre Lieferantenliste daraufhin zu überprüfen, wer Ihre Kunden sein könnten. Wenn es Ihnen gelingt, Ihre Lieferanten zu Kunden zu machen, können Sie wertvolle Beziehungen aufbauen.

5
Genießen Sie den Augenblick.

Die Zeit, die man in der direkten Kommunikation mit potenziellen Kunden verbringt, kann die lohnendste Zeit sein, die man in ein Unternehmen investieren kann. Wenn man hart daran arbeitet, diese Situationen zu schaffen, muss man alle Faktoren berücksichtigen, die diesen Moment erfolgreich machen. Ein gutes Produkt oder eine gute Dienstleistung verkauft sich nicht von selbst. Wenn Sie die Gelegenheit haben, ein Geschäft zu gewinnen, müssen Sie sie richtig einschätzen und das Beste daraus machen. In diesem Kapitel werden Strategien, Instrumente und Techniken vorgestellt, die Ihnen helfen, mehr Kontakte in Verträge umzuwandeln.

Wer hat die Kontrolle?

Häufig wird Verkäufern vorgeworfen, sie seien aufdringlich. Diese Meinung ist oft das Ergebnis aggressiver Nachfassaktionen. und kann ganz vermieden werden, wenn ein professionellerer Ansatz gewählt wird. Wenn Sie die Kontrolle über den Gesprächsverlauf übernehmen, werden Sie nur selten das Gefühl haben, dass Sie nachhaken oder nachfassen müssen. Sollten Sie sich in einer Situation befinden, die ein Nachfassen erforderlich macht, gibt es Möglichkeiten, wie Sie diese Kontrolle rechtzeitig und auf angenehme Weise zurückgewinnen können.

Der Erfolg im Verkaufsprozess hängt von der Fähigkeit ab, das Gespräch zu steuern und die Gedanken und Handlungen des Käufers zu lenken. Ziel des Spiels ist es, den Interessenten durch die Abfolge der Ereignisse von der Anfrage bis zur Entscheidungsfindung zu steuern, um das richtige Ergebnis im Labyrinth zu erzielen und seine Situation zu verbessern. Ein häufiger Fehler, den viele Menschen begehen, ist der Versuch, bewährte Praktiken durch Schnellverfahren zu überlisten. Sie gehen davon aus, dass potenzielle Kunden ihre Kaufentscheidung allein aufgrund des Preises treffen, und geben daher ein Angebot ab, sobald sie eine Anfrage erhalten. Sie verhandeln dann über den Preis, lassen sich auf einen schnellen Verkauf ein oder beenden im schlimmsten Fall das Gespräch in völligem Schweigen. Oft versuchen die Kunden, eine Entscheidung auf der Grundlage des von Ihnen angebotenen Gesamtwerts zu treffen, nicht nur auf der Grundlage des Preises. Einer der wichtigsten Aspekte des Wertes, den Sie bieten, ist die Person, die Sie darstellen, also die menschliche Note. Das können Sie steuern, indem Sie das Gespräch verlangsamen und Sie ein wenig besser kennen lernen.

Machen Sie sich klar, dass Menschen von Menschen kaufen, und beginnen Sie mit dem Aufbau einer Beziehung, dann können Sie schwierige Folgeszenarien vermeiden.. Treffen Sie sich, wenn möglich, von Angesicht zu Angesicht. Stellen Sie während dieses Treffens Fragen, um eine Beziehung aufzubauen und die Informationen zu erhalten, die Sie benötigen, um sie potenziellen Kunden zu empfehlen. Dabei können jedoch einfache Fehler gemacht werden.

Stellen Sie Fragen und hören Sie zu. Vermeiden Sie es, zu viel zu kommunizieren, und finden Sie so viel wie möglich über ihre Situation heraus.

Einer der besten Ratschläge, die ich als junger Vertriebsmitarbeiter erhielt, war die Bedeutung des Zuhörens. Gute Fragen sind wichtig, aber wenn man den Antworten nicht zuhört und nicht von ihnen profitiert, wird man die Chancen, die sich einem bieten, nicht optimal nutzen können. Ein großartiger Verkäufer zu sein, bedeutet nicht, "schlagfertig" zu sein oder "alle Antworten zu kennen". Der Erfolg wird maximiert, indem man ausgezeichnete Fragen stellt und den Antworten zuhört.

Zuhören ist ein interessantes Wort, das aus genau denselben Buchstaben besteht wie *schweigen*. Es geht darum, potenziellen Kunden die Möglichkeit zu geben, Informationen weiterzugeben, ohne etwas zu sagen. Nehmen Sie sich die Zeit, zuzuhören und Notizen zu machen. Wenn Sie wirklich zuhören, werden Sie in der Lage sein, Ihre Vorschläge auf die Bedürfnisse des Kunden abzustimmen und unzählige Möglichkeiten zu erkennen, sowohl jetzt als auch in Zukunft.

Ziel ist es, sich in die Lage zu versetzen, Ihre Empfehlungen persönlich zu überbringen, und nicht per E-Mail oder. . Das bedeutet, dass Sie, wenn Sie nicht in der Lage sind, Ihre Empfehlungen bei der ersten Verabredung abzugeben, ein Treffen vereinbaren sollten, um Ihre Ergebnisse zu besprechen, bevor Sie abreisen, und sich in die Lage versetzen, das nächste Gespräch zu steuern Die Sicherung einer zweiten Verabredung zwischen der ersten Verabredung ist viel einfacher als herauszufinden.

Wenn Sie mit Ihrem Vorschlag zurückkommen, beginnen Sie damit, den Wert der Position zu rekonstruieren, wie er sich am Ende des letzten Treffens darstellte. Nachdem Sie die Anforderungen des Kunden bestätigt haben, erklären Sie ihm, wie Sie ihn unterstützen können, und stellen sicher, dass Sie ein gutes Preis-Leistungs-Verhältnis bieten können. Ihre Aufgabe ist es, den Kunden mit allen Informationen zu versorgen, die er braucht, um eine Entscheidung zu treffen und den nächsten Schritt zu tun.

Da die Entscheidung an Ort und Stelle getroffen wird, entfällt die Notwendigkeit einer Nachbereitung.. Upcalling. Die Zeit, die in die Kontrolle dieses Prozesses investiert wird, zahlt sich in Form von höheren Konversionsraten und weniger Zeit für die Suche nach einer Entscheidung aus.

Obwohl das Ziel immer darin besteht, Entscheidungen persönlich zu treffen, wird es mit Sicherheit Fälle geben, in denen dies nicht möglich ist. Ihr Ziel ist es, an einem Gespräch teilzunehmen, in dem Entscheidungen gemeinsam getroffen werden. Wenn ein persönliches Treffen nicht möglich ist, können Telefon- oder Videokonferenzen genutzt werden. In manchen Fällen kann es jedoch erforderlich sein, ein Dienstleistungsangebot zu unterbreiten und anschließend ein Follow-up durchzuführen, um einen Verkauf zu erleichtern. In diesem Fall sollten Sie die folgenden einfachen Tipps befolgen, um die Ergebnisse Ihrer Nachfassaktionen zu verbessern.

- Hinterlassen Sie keine Nachrichten auf dem Anrufbeantworter. Wenn Sie eine Nachricht hinterlassen, können Sie die Nummer nicht mehr anrufen.

- Bestätigen Sie zu Beginn der Aufforderung, ob Ihre Referenzen (nicht "Angebote" oder "Vorschläge") eingegangen sind.

- "Welche Fragen haben Sie?" Fragen Sie. Die Antworten, die sie hier geben, werden Sie wieder in die Initiative bringen. Wenn sie Fragen stellen, werden Ihre Antworten zu einer Entscheidung führen. Keine Fragen bedeutet, dass eine Entscheidung getroffen wurde.

- Wenn die erste Kommunikation fehlschlägt, versuchen Sie einen anderen Ansatz. Belästigen Sie nicht.

- Wenn es sich lohnt, können Sie sie sich persönlich ansehen.

- Nehmen Sie Ihr Angebot an, indem Sie es von der Zeit abhängig machen. Das ist so, als würden Sie einem Kind sagen, dass es keinen Nachtisch bekommt, wenn es seine Essensreste loswerden muss. Ihr Angebot einzuschränken, hat das gleiche Ergebnis.

Denken Sie daran, dass der Hauptgrund, warum Menschen nicht bei Ihnen kaufen, darin besteht, dass sie unentschlossen bleiben. Jeder, der unentschlossen ist, wird sich eines Tages entscheiden. Wenn Ihr Follow-up also unproduktiv bleibt, hören Sie einfach nicht auf. Setzen Sie diese Personen auf Ihre NNT-Liste (No Not Today), melden Sie sich regelmäßig bei ihnen, nehmen Sie sie in Ihre Newsletter auf und setzen Sie sie auf Ihren Terminplan, um sie in Zukunft wieder zu besuchen. Irgendwann könnte sich ihre Situation ändern und sie könnten Ihre Hilfe benötigen. Diese Art von Beharrlichkeit hat sich in der Vergangenheit für viele Menschen ausgezahlt, und wir sind zuversichtlich, dass sie sich auch in Zukunft auszahlen wird.

Easy First Ja

Große Entscheidungen zu treffen, kann schwierig sein. Kunden dazu zu bringen, eine Entscheidung zu treffen, ist zeitaufwändig, mühsam und komplex. Wenn Kunden nach einem neuen Anbieter suchen, müssen sie viele Entscheidungen treffen, aber die vielleicht wichtigste Frage ist: "Warum gerade Sie?" Diese Frage wird selten beantwortet, bevor eine Entscheidung getroffen wurde.

.Empfehlungen, Zeugnisse und Erfahrungen Dritter können dazu beitragen, dass sich die Verbraucher bei ihrer Wahl sicherer fühlen, aber selbst dann können Entscheidungen, die größere Veränderungen mit sich bringen, für sie ein schwieriger Prozess sein. .Stellen Sie sich vor, Sie sollen einen Lieferanten wechseln, zu dem Sie eine langfristige Vertrauensbeziehung aufgebaut haben, oder Sie haben einen dringenden Bedarf für ein Großprojekt. Und je größer die Entscheidung ist, desto schwieriger wird sie.

Ein einfacher erster Schritt kann jedoch oft die Entscheidungsfindung beschleunigen. und mehr neue Kunden anziehen. Lassen Sie uns dies an einem einfachen Beispiel verdeutlichen. Wahrscheinlich haben Sie schon einmal in einem Restaurant gegessen, und die Branche ist voll von Beispielen für einfache erste Zusagen. Sie versuchen, jedem Kunden ein Getränk, eine Vorspeise, ein weiteres Getränk, ein Hauptgericht, ein weiteres Getränk, ein Dessert und einen Kaffee zu verkaufen, um den maximalen Transaktionswert pro Tisch zu erzielen. Anstatt diese Entscheidungen zuerst zu treffen, verkaufen sie zuerst Tischreservierungen und dann die wichtigsten Angebote, um diese Tische zu füllen. Sie wissen, dass sie, sobald der Tisch besetzt ist, mehr Möglichkeiten haben, Speisen und Getränke zu verschiedenen Zeitpunkten des Aufenthalts zu verkaufen. Überlegen Sie also genau, ob Sie versuchen, alle Mahlzeiten auf einmal zu verkaufen. Wie in Restaurants ist es schwierig, sich für ein Dessert zu entscheiden, bevor die Hauptmahlzeit serviert wurde.

Ein gutes Beispiel für ein einfaches erstes JA ist die erste Transaktion mit einem niedrigen. Preis, der Interessenten schnell und einfach zu Kunden macht.

- Kostengünstige Audits vor dem Wiederaufbau der Website. Website-Entwickler

- Wartungsverträge vor den Festpreisen. Landschaftsgärtner, die Rasenpflege anbieten

- Bauarbeiter, die kleine Reparaturen und nützliche Arbeiten ausführen, bevor sie Kostenvoranschläge für größere Projekte erstellen

- Ein Wirtschaftsprüfer hilft bei der Erstellung von Steuererklärungen und bietet anschließend Unterstützung bei der Finanzplanung.

- Direktvertriebsmitarbeiter, die ihre Produkte vorstellen und dann Menschen einladen, ihrem Unternehmen beizutreten

Um den Vergleich mit dem Dating-Spiel fortzusetzen: Es ist dasselbe, als wenn man jemanden bittet, mit einem in den Urlaub zu fahren, bevor man ihn bittet, mit einem zu leben.

Indem Sie große Entscheidungen in kleine Schritte unterteilen, können Sie oft sehr schnelle Entscheidungen von potenziellen Kunden erreichen, ihnen die Möglichkeit geben, mit Ihnen zusammenzuarbeiten und Seite an Seite mit all Ihren Konkurrenten zu treten, indem Sie sich zu einer einfachen Wahl machen.

Was wird verkauft?

In der Medizinbranche heißt es oft, dass "Verschreibung vor der Diagnose ein ärztlicher Kunstfehler ist". Stellen Sie sich vor, Sie gehen zu Ihrem Arzt und ohne eine einzige Frage zu stellen, beginnt er oder sie zu erklären, wie toll dieses neue Medikament ist, und empfiehlt Ihnen, es zweimal täglich einzunehmen. Sie wären wahrscheinlich etwas verwirrt und würden sich nicht so recht an die Empfehlung des Arztes halten.

Wenn Sie stattdessen von einem Arzt untersucht würden, der sich über Ihre Symptome informiert, einige Tests durchführt und genau dieselben Vorschläge macht, hätten Sie mehr Vertrauen, seinem Rat zu folgen.

Meine persönliche Definition von Verkaufen ist "sich das Recht verdienen, zu empfehlen". Das bedeutet, dass Sie niemals ein Produkt- oder Dienstleistungsangebot vorstellen sollten, ohne dass Sie zuvor einen kunden-. zentrierten Grund dafür gefunden haben. Der Rahmen für eine Empfehlung sollte immer lauten: "Aufgrund der Tatsache, dass Sie ABC gesagt haben, empfehlen wir Ihnen, was XYZ ist." Diese

Struktur bedeutet, dass der Großteil aller Verkaufsgespräche sich darauf konzentriert, dass Sie Beweise für Ihre Empfehlung sammeln.

Prod the Blues.

Fragen sind sehr wichtig, um zu verhindern, dass Sie raten, und um sicherzustellen, dass Sie das Recht erhalten, Ihr Produkt oder Ihre Dienstleistung zu empfehlen. Der Grund, warum Verkaufschancen nicht maximiert werden, liegt in der Regel darin, dass die Fragen entweder fehlen oder unangemessen sind.

Da Menschen Kaufentscheidungen eher auf der Grundlage von Emotionen als von Logik treffen, ist es von größter Wichtigkeit, potenzielle Kunden während der Befragung dazu zu bringen, ihre Emotionen zu teilen. Ein bewährter Ansatz bei fast jeder Verkaufschance ist die Befolgung dieser einfachen dreistufigen Fragetechnik (.).

1. **Was sind Ihre Pläne für...?** Beginnen Sie mit einer großen, weit gefassten Frage, die den Käufer dazu ermutigt, seine Vision für die Zukunft mitzuteilen. In meinem Unternehmen beginne ich in der Regel ganz einfach mit der Frage: "Erklären Sie mir den Plan für das Unternehmen." Diese Frage führt oft zu einem 15-minütigen Gespräch, das ein umfassenderes Bild vermittelt, einschließlich der Ziele der Geschäftsführung. Es ist wichtig, die Frage nicht zu breit und spezifisch zu formulieren. Das von Ihnen angebotene Produkt wird nur einen Teil des Plans betreffen. Wenn Sie jedoch nicht alles verstehen, wird es schwierig sein zu verstehen, wo Ihr Teil des Plans liegt. Ein weiterer Faktor bei dieser Eröffnungsfrage ist das Wissen, dass die meisten Menschen optimistisch in ihre Zukunft blicken und glauben, dass es ihnen einmal besser gehen wird als jetzt. Indem Sie Ihre Empfehlung auf ihren zukünftigen Erfolg stützen, können Sie in größeren Dimensionen denken und sie können mutiger handeln. Versuchen Sie, bei dieser Reihe von Fragen zuerst nach dem "Was" und dann nach dem "Warum" zu fragen. Wenn der Plan Luxusgüter vorsieht, sollten Sie diese genau

beschreiben, denn das kann beim Abschluss des Geschäfts sehr wertvoll sein.

2. **Wie fühlen sie sich...?** Sobald Sie wissen, wohin sie gehen wollen, ist es wichtig zu verstehen, wie sie sich fühlen werden, wenn sie dort ankommen. Das ist einfach - fragen Sie einfach... Und alles, was Sie tun müssen, ist zuzuhören. Um zu den echten Emotionen zu gelangen, die diese Technik so wirkungsvoll machen, müssen Sie bereit sein, ein wenig tiefer zu graben. Das Ziel ist es, extreme Emotionen wie Stolz oder Glück hervorzurufen. Verwenden Sie starke Adjektive und akzeptieren Sie keine einfachen Antworten wie "Ich werde mich ziemlich gut fühlen" oder "Okay".

3. **Was sind die Folgen, wenn man die folgenden Schritte nicht macht?** Die Schritte 1 und 2 sind positiv und aufbauend und bilden auch die Grundlage und den Auftrag für den dritten Teil, in dem es darum geht, Wirkung zu erzielen. Viele Menschen sind viel stärker motiviert, Verluste zu vermeiden als Gewinne. Indem Sie die potenziellen Kunden dazu bringen, ehrlich über die negativen Folgen des Nichterreichens ihrer Ziele nachzudenken, und zwar auf eine Art und Weise, die ihren bisherigen Gedanken und Gefühlen diametral entgegengesetzt ist, können Sie eine starke Plattform für Ihr Angebot schaffen. Da viele Menschen nicht genug über das Scheitern nachdenken, zwingt diese Frage sie dazu, darüber nachzudenken. Sobald sie sich ein Scheitern vorstellen können, werden sie viel härter daran arbeiten, es zu vermeiden.

Diese Technik funktioniert, indem ich dem Interessenten bei der Planung helfe, seine Erfolge bei der Verwirklichung seines Plans aufzeige und den Schmerz des Scheiterns visualisiere. Ich beschreibe es oft so, als würde ich ein utopisches Bild für sie malen, ihre Gefühle überprüfen, ihren Schmerz herausfinden und ihn noch ein bisschen schlimmer machen. Die gute Nachricht ist, dass die Präsentation die perfekte Salbe für diese Wunde sein sollte, und wenn Sie diese Prozesse richtig angehen, werden Sie mehr Aufträge erhalten.

Gute Fragen ermöglichen es Ihnen, mit dem Verkaufen aufzuhören und mit dem Empfehlen zu beginnen.

Erleichtern Sie den Kauf

Die Hauptaufgabe eines Verkäufers besteht darin, Kunden zum Kauf von Produkten und Dienstleistungen zu bewegen. Ich bezeichne Verkäufer oft als professionelle "Denker". "Macher". "Aufsteiger". Wenn Sie Ihren potenziellen Kunden helfen wollen, eine Entscheidung zu treffen, müssen Sie Ihren Prozess genau unter die Lupe nehmen und sicherstellen, dass Sie alles tun, was Sie können, um den Kauf schmerzlos zu machen. Denken Sie an alle Hindernisse, die einer Geschäftsbeziehung mit Ihnen im Wege stehen, und versuchen Sie, diese zu beseitigen. Überprüfen Sie Ihren Papierkram, Ihre Preisgestaltung und Ihre Umsetzungsprozesse und tun Sie alles, was Sie können, um sie zu vereinfachen und den Verbrauchern unnötigen Aufwand zu ersparen.

Online-Shops konditionieren die Käufer mit der Einfachheit des "One-Click-to-Buy" und mit Formularen, die in Sekundenschnelle aus dem Computerspeicher ausgefüllt werden können.
Beseitigen Sie Hindernisse und übernehmen Sie so viel Arbeit wie möglich für den Kunden. Die Risikoteilung mit den Kunden bedeutet auch, dass Sie deren Engagement mit weniger Widerstand gewinnen können.

Beispiele für die Umkehrung von Risiken sind

* Geld. Rückgabegarantie
* anfänglicher Zeitraum der kostenlosen
* Ist dies nicht der Fall, wird keine Gebühr erhoben.
* Kein Vertrag
* Garantierte Ergebnisse.
* Attraktive Zahlungsbedingungen.

Wenn Sie mehr Geschäfte machen wollen, müssen Sie alle Hindernisse im Kaufprozess aus dem Weg räumen und weiterhin Ihr eigenes Glück machen.

ein Band befestigen

Wenn es sich nicht um ein Produkt, sondern um eine Dienstleistung handelt, vermeiden viele Kunden eine Beratung, weil sie nicht wissen, was sie wollen, weil sie nicht wissen, wie viel sie zahlen sollen, oder weil sie nicht verwirrt oder verlegen sein wollen. Es kann für Dienstleistungsanbieter sehr vorteilhaft sein, mehr wie Einzelhändler zu denken. Wenn Sie ein Geschäft betreiben, in dem Sie Waren ohne Preisschilder verkaufen, könnten Kunden, die Sie im Laden sehen, denken, dass alles teuer ist, und sich aus Angst vor Peinlichkeiten nicht an Sie wenden.

Stellen Sie sich erneut vor, Sie sind ein Einzelhändler. Ihr Ziel ist es, die Menschen zu ermutigen, Ihr Geschäft zu betreten und die Zahl der Besucher zu erhöhen. Dienstleistungsunternehmen (.) haben das gleiche Ziel, und Sie können es Ihren Kunden mit drei einfachen Techniken leichter machen, mit Ihnen Geschäfte zu machen.

1. **Preisfibel - ein** Beispiel für eine Dienstleistung in Form einer Gesamtpreisstrategie, die dem Kunden erklärt wird. Eine große Supermarktkette könnte ein tugendhaftes Produkt verwenden, während die Automobilindustrie ein Automodell verwenden könnte. Dieses Verfahren kann dem Publikum die gesamte Preisstrategie nahe bringen, indem es eine Momentaufnahme einer Dienstleistung macht und einen Preis dafür festlegt. Wenn Sie auf diesen Preis stolz sind, zeigt das den Wert, den Sie Ihrer Meinung nach bieten, und vermittelt den Kunden ein Gefühl für Ihre Marktposition.

   Beispiele hierfür sind.

   o Buchhaltungsdienst, der für eine monatliche Festgebühr drei Leistungsstufen anbietet.

- o 1. Haushaltsreinigungsunternehmen mit Festpreisen für Schlafzimmerwohnungen
- o Immobilienmakler sollen eine feste Gebühr für
- o Wohnungsangebote erhalten.

Architekten, um den Preis für die genehmigten Zeichnungen für die Erweiterung zu ermitteln.

- o Friseure halten die Preise für Blowouts fest.

Diese unkomplizierten Preisvorschläge auf. ermöglichen es den Leuten zu entscheiden, ob sie sich Sie leisten können, bieten einen Maßstab für Variationen und geben den Käufern das Vertrauen, ein Gespräch mit Ihnen zu führen, ohne Angst vor Peinlichkeiten zu haben.

2. **Gebündelte Angebote - Wert** ist nur eine Wahrnehmung. Die Bündelung von Komponenten innerhalb Ihres Dienstleistungsangebots kann Ihren Wert in den Köpfen der Käufer viel stärker verdeutlichen. Käufer kommen nicht umhin, Ihren Wert zu beurteilen, wenn sie die Zeit-Geld-Kalkulation klar nachvollziehen können.

Dies kann zu einer Verschlechterung der Geschäftsbeziehungen führen. Die Erstellung einer Sammlung von Waren und Dienstleistungen kann einen größeren Wert darstellen, den durchschnittlichen Transaktionswert erhöhen und den Kunden einen umfassenderen Service bieten.

.Überlegen Sie, was alles einbezogen werden kann, nicht nur spezifische Dienstleistungen und Produkte, sondern auch Mehrwertleistungen wie Kundenbetreuung, Serviceerwartungen und Telefon- oder E-Mail-Support.

Beispiele hierfür sind.

- o Designagentur, die eine Reihe von Dienstleistungen als "Business-in-a-Box" für Unternehmensgründungen bündelte, darunter die Gestaltung und Produktion eines kompletten Satzes von Briefpapier, einer grundlegenden Website und eines Pakets von Markenrichtlinien. .

- ○ Ein Fachhändler für Gesundheit und Ernährung kombiniert einige der meistverkauften Produkte von. zu einem Verwöhnset und einem Geschenkkorb für ein Kalenderereignis.

- ○Hochzeitslocations, die Dienstleistungen zu einem Festpreis bündeln. , einschließlich Essen, Getränke, Fotografie und Unterhaltung

3. **monatliche Zahlungen - die meisten Menschen** interessieren sich mehr für die monatlichen Kosten als für den Gesamtpreis. Sowohl im privaten als auch im beruflichen Bereich werden sie in der Regel die monatlichen Kosten in Betracht ziehen. Das Angebot einer Dienstleistung, die ihren Kaufgewohnheiten entspricht, kann die Entscheidungsfindung erleichtern.

Wenn Sie ein Produkt oder eine Dienstleistung, für die hohe Säumniszuschläge anfallen, in eine nachhaltige. monatliche Zahlungsoption umwandeln können, führt dies in der Regel zu höheren Gewinnen, verbessertem Cashflow und maximaler Kundenbindung. Wenn Sie Ihren Kunden keine monatlichen Zahlungspakete. anbieten, lassen Sie sich möglicherweise eine große Chance entgehen.

Beispiele hierfür sind.

- ○ Bezahlt. Monatliche Ratenkaufoption für hochwertige Produkte .

- ○ Anwälte, die monatliche Servicepläne mit vereinbarten Leistungsstufen anbieten.

- ○ Ein Personal Trainer bündelt monatliche Dienstleistungen und erstellt eine monatliche Gebühr.

Indem Sie Ihre Dienstleistungen verpacken und monatliche Zahlungspläne anbieten, können Sie neue Kunden anlocken und ein regelmäßiges, wiederkehrendes Einkommen erzielen.

sich seine Worte aussuchen

Wenn Sie mein vorheriges Buch *Genau das Richtige sagen kennen,* wissen Sie bereits, wie wichtig es ist, die richtigen Worte zur richtigen Zeit zu benutzen, um *die richtigen Ergebnisse zu erzielen.* Ja, Worte sind wichtig. So wie die richtigen Worte zu erfolgreichen Verkäufen führen können, gibt es viele Worte, die genau das Gegenteil bewirken.

Der schlechteste Zeitpunkt, um darüber nachzudenken, was man sagt, ist der Moment, in dem man es sagt. Ich empfehle Ihnen dringend, mehr über die Macht Ihrer Worte zu lernen. Der Unterschied zwischen jemandem, der sich für Sie entscheidet, jemandem, der Ihnen ähnlich ist, oder gar nichts, hängt oft davon ab, dass Sie genau wissen, was Sie sagen, wann Sie es sagen und wie Sie es zum Tragen bringen.

In diesem Sinne ist es vielleicht wichtig, dass wir versuchen, gesprächiger zu sein. Anstatt zu erklären, was man sagen soll, sollten wir uns einige der Fehler ansehen, zu denen Menschen neigen und die sich negativ auf ihren Verkaufserfolg auswirken können.

Erforschen Sie die Auswirkungen von nur sieben unabhängigen Wortwahlen, die in Ihren täglichen Gesprächen vorkommen. Wenn Sie diese entfernen, ersetzen oder ändern können oder zumindest verstehen, was sie bewirken, haben Sie mehr Kontrolle über Ihre Ergebnisse.

wenn

Das erste Wort ist ein einfaches 2. , ein Wort, das den Menschen hilft, festzustellen, ob sie zu Ihnen gehören oder nicht, ob sie an Sie glauben oder nicht, ob sie glauben, dass es für sie ist oder nicht.

Die beiden fraglichen Wörter mit den Buchstaben sind "wenn". Als Kinder haben wir sprechen gelernt, indem wir zuerst Objekte verstanden haben. Dann sahen wir die Gegenstände als Bilder und verbanden jedes Bild mit einem Laut oder einem gesprochenen Wort. Mit den Worten, die die Laute erzeugten, konnten wir jemandem sagen, dass wir den Gegenstand haben wollten. Sobald wir die

Geräusche verstanden hatten, verstanden wir auch die Wörter, und schließlich waren wir in der Lage, diese Wörter zu schreiben.

Als Erwachsene tun wir genau das Gegenteil. Wenn wir ein Wort auf dem Papier sehen oder im Gespräch hören, prägen wir uns als Nächstes das Bild ein, das mit diesem Wort verbunden ist. Bilder sind die treibende Kraft bei der Entscheidungsfindung. Jeder entscheidet sich, etwas zu tun, worüber er schon einmal nachgedacht hat, zumindest ein zweites Mal. Der Grund dafür ist, dass man sich zuerst in Gedanken dafür entschieden hat, bevor man handelt.

Das Wort 'wenn' schafft eine Wahl." Wenn" schafft eine Frage, und wenn Menschen mit einer Frage konfrontiert werden, entscheiden sie, auf welcher Seite dieser Frage sie landen wollen. Wenn Sie also das Wort "wenn" in Ihren Verkaufsgesprächen verwenden, schaffen Sie Bedingungen. Die Menschen sehen ein Bild von den Bedingungen, die Sie darstellen, und entscheiden sofort, auf welcher Seite dieser Bedingung sie stehen wollen.

Hier ein Beispiel. Angenommen, Sie sagen jemandem: "Wenn Sie das Glas umstoßen, könnte der Wein den Teppich verschmutzen." Die andere Person wird Sie sofort danach beurteilen, wie wahrscheinlich es ist, dass sie ungeschickt ist, und Ihre Information entweder annehmen oder ablehnen. Die Chance, dass Ihr Rat angenommen wird, ist 50:50.

Indem Sie das Wort "wenn" durch das Wort "wenn" ersetzen, erzeugen Sie eine völlig andere Reaktion, und als Ergebnis können sie nur die Punkte in Ihrem Kopf sehen. Es ist viel wahrscheinlicher, dass sie den Ratschlag, den Sie geben, befolgen.

Die Lektion dieses Beispiels ist sogar noch größer als die offensichtliche. Anstatt in der Zukunft oder unter dem Vorbehalt "wenn" zu sprechen, kann eine Verlagerung des Gesprächs in die Gegenwart "wenn" die Erfolgswahrscheinlichkeit erheblich erhöhen.

jedoch

Das zweite Wort ist eines, das in vielen Gesprächen, auch mit Ihnen und Ihrem Team, häufig verwendet wird und viel Schaden angerichtet hat. Dieses Wort ist "aber". Denken Sie darüber nach, ob Sie dieses Wort jemals in einem Gespräch gehört haben. Wahrscheinlich haben Sie schon einmal ein Feedback erhalten, auf das ein "aber" folgte, bevor Sie ein Lob oder eine Anerkennung erhielten. Der einzige Teil, an den Sie sich deutlich erinnern, ist der Teil, der auf das Wort "aber" folgt. Dieses Wort negiert fast alles, was davor gesagt wurde, und wird nur mit schlechten Nachrichten assoziiert. Die Änderung in "aber" fügt nur weitere Silben hinzu und ergibt keinen Sinn.

Das Ersetzen von "aber" durch "und" bedeutet, dass alle Informationen korrekt sind.

Beispiel.

"Wir wollen zusammenarbeiten und können die Vorteile erkennen, aber wir müssen wirklich über den Preis sprechen.

"Wir würden gerne mit ihnen zusammenarbeiten und sehen, welche Vorteile sie uns bieten können, so dass wir nur noch über den Preis sprechen müssen.

Diese beiden Beispiele sagen fast das Gleiche aus. Allerdings ist das erste Beispiel mit Konflikten gespickt, während das zweite Beispiel viel Kooperation enthält.

Wenn Sie das "aber" durch "und" ersetzen, wird Ihr Gespräch umfassender sein und Sie werden mehr von dem bekommen, was Sie wollen.

Kosten

Dieses dritte Wort hat die Macht, mich zum Wackeln zu bringen, und sollte aus jedem kommerziellen Gespräch auf diesem Planeten verbannt werden. Viele der vier Wörter des Buchstabens "C" sind in der Öffentlichkeit unangebracht und dieses Wort richtet den größten Schaden an. Wie denken Sie über die Kosten in Ihrem Leben? Sind sie etwas Gutes oder etwas Schlechtes? In den meisten Fällen sind die

Kosten in Ihrem Leben das, was Sie als etwas Schlechtes ansehen. In dem Moment, in dem Sie den Wert, den Sie Ihren Kunden bieten wollen, als Kosten bezeichnen, zerstören Sie sofort den Wert, den Sie aufgebaut haben, und verbinden Ihr Angebot mit einer Beschreibung, die bedeutet, dass Sie Geld für weniger Gegenleistung geben.

Ich vermute, dass Sie, wenn Sie für Ihre Waren oder Dienstleistungen eine Zahlung verlangen, Ihren Kunden eine Gegenleistung anbieten wollen. Vielleicht eine Zeitersparnis, einen finanziellen Gewinn oder einfach eine wertvolle Erfahrung - was auch immer diese Gegenleistungen sind, die Etiketten, die Sie Ihrem Angebot aufkleben können, werden variieren. Wenn Sie etwas gegen Bezahlung anbieten, könnten Sie es eine Investition nennen. Im Allgemeinen sind die Menschen auf eine Investition viel stolzer als auf einen Preis. Ich rate Ihnen, im Gespräch mit Ihren Kunden die Terminologie von "Kosten" auf "Investition" umzustellen. Wenn Sie die Bezeichnung ändern, nehmen die Menschen es anders wahr.

wir

. Es ist eines der am häufigsten verwendeten Wörter, wenn es darum geht, Ihre Arbeitsleistung, Ihren bisherigen Werdegang und Ihre einzigartigen Eigenschaften zu beschreiben, die Sie zur ersten Wahl machen. Dieses Wort taucht in Verkaufsunterlagen, auf Websites und in der gesprochenen Sprache auf. Das Wort ist *"wir", und* seine häufige Verwendung bezieht sich buchstäblich auf alle Ihre Kunden, denn Sie sind buchstäblich "wir". .

Wenn Sie von "wir" sprechen, bleibt der Hauptnutznießer der Informationen und der Bindung an die Ergebnisse die Person, mit der Sie kommunizieren. Es ist unwahrscheinlich, dass das Wort "wir" das Verhalten dieser Person anregt, denn Sie sprechen von Ihren Interessen und nicht von denen Ihrer Kunden oder Interessenten. Versuchen Sie, sich so oft wie möglich neu zu positionieren. Wenn Sie das Wort "wir" sehen oder hören, ändern Sie es in "Sie".

Wenn Sie etwas sagen wie "Wir bieten ein umfassendes Schulungsprogramm mit 3 Jahren Garantie, einem Serviceplan und einer umfassenden Gewährleistung", bedeutet dies, dass Sie das, was Sie kaufen wollen, besitzen. Ersetzen Sie den Begünstigten und aktivieren Sie den Satz. Sagen Sie anstelle von "was wir anbieten": "Wenn Sie sich für uns entscheiden, bedeutet das, dass Sie ...". Dies geht in die Richtung von "es bedeutet, dass Sie von ... profitieren".

Es sollte nicht darum gehen, was "wir" anbieten, wenn die andere Partei "Sie" sein soll. Wenn Sie den Kunden durch Worte dazu bringen, sich Ihr Produkt oder Ihre Dienstleistung zu eigen zu machen, und ihn dann dazu verleiten, Ihr Angebot anzunehmen, ist es viel wahrscheinlicher, dass er sich darauf einlässt.

hoher Preis

Auch wenn Sie selbst diesen Begriff wahrscheinlich nicht verwenden, so wird er doch von Kunden verwendet, wenn sie Sie oder Ihre Dienstleistungen beschreiben, und sollte umgehend korrigiert werden, um unnötigen Schaden zu vermeiden. Wenn Kunden und Interessenten Sie als "teuer" bezeichnen, wird es für sie fast unmöglich sein, Ihr Produkt oder Ihre Dienstleistung als etwas zu sehen, das man kaufen kann.

Der Begriff selbst kann nur in Verbindung mit etwas anderem existieren und erfordert einen Vergleich. Die Verwendung des Begriffs bedeutet, dass Ihre Käufer bereits ein Urteil über den von Ihnen angebotenen Preis gefällt haben und das Etikett, das sie angebracht haben, an andere bestehende Daten gebunden ist. Sie könnten zum Beispiel fragen: "Ist ein Rolls-Royce teuer? Im Vergleich zu den meisten Fahrzeugen von Ford ist er das sicherlich. Im Vergleich zu einem Bugatti ist der Rolls-Royce jedoch eines der billigeren Fahrzeuge. Anstatt etwas als teuer zu bezeichnen, sollten wir es verschieben, die Worte ändern oder es anders nennen. Für diejenigen, die unseren als teuer bezeichnen, sprechen wir von einer Premium-Option.

Der Kauf von "teuren" Optionen kann Ihnen das Gefühl geben, dass Sie ein schlechtes Geschäft gemacht haben. Wenn Sie sich für die

"Premium"-Option entscheiden, können Sie das Gefühl haben, dass Sie Informationen im Schoß des Luxus erhalten.

niedriger Preis

Das nächste Wort auf der anderen Seite des Zauns ist *"billig"*. Wenn jemand etwas als billig bezeichnet, ist das Wort, das auf "billig" folgt, sicherlich nichts, was Sie mit sich selbst, Ihrem Unternehmen, Ihrem Produkt oder Ihrer Dienstleistung in Verbindung bringen möchten. Lassen Sie uns also auch das Wort billig verbieten. Einige unserer Produkte mögen billiger sein als unsere Premiumprodukte, aber das bedeutet nicht, dass sie billig sind. Aber es bedeutet niemals billig.

Ersetzen Sie in diesen Fällen das Wort "billig" durch das Wort "wertvoll" oder "wichtig". Erlauben Sie den Käufern, stolz auf ihren Einstiegskauf sein zu können.

Problem

Wenn man mit anderen über die "Probleme" spricht, die man sieht, kann man genauso viele Freunde gewinnen, wie wenn man jemandem sagt, er habe ein hässliches Baby.

Wenn man die Lebensumstände anderer Menschen mit solchen Etiketten versieht, können sich die Käufer in die Defensive gedrängt fühlen, was zu ruinösen Situationen führen kann. In Wirklichkeit sind sie an der Entstehung dessen, was Sie als "Problem" bezeichnen, stark beteiligt und fühlen sich verantwortlich, was sie wahrscheinlich dazu veranlasst, es zu unterstützen.

Herausforderungen können überwunden werden. Sie sind Hindernisse, in die man eingreifen kann, über die man hinweggehen kann, die man zur Seite schieben kann, die man umgehen kann ... alles ist möglich, aber Probleme verursachen Diskussionen. Probleme können gelöst und positive Ergebnisse erzielt werden, wenn man positiv denkt, anstatt ihnen die Schuld zu geben oder sie als negativ zu bezeichnen.

Eine wichtige Veränderung in diesen Begriffen ist der Übergang von einem Gespräch, das sich auf den Verkauf von Produkten und Dienstleistungen konzentriert, zu einem Gespräch, das sich darauf konzentriert, dass der Käufer das Produkt oder das Ergebnis besitzt.

Stattdessen geschieht Folgendes.	Sagen Sie stattdessen Folgendes.
wenn	wenn
jedoch	und
Kosten	Anlagebetrag
wir	Sie
hoher Preis	Prämie
niedriger Preis	Wert
Problem	Selbstherausforderung
Wann soll verkauft werden?	Wann man besitzt

Verkaufspräsentation

Der Präsentationsteil des Verkaufsprozesses, der oft als "Pitch" bezeichnet wird, ist der Teil, in dem Sie die Entscheidung, um die Sie den Kunden bitten, so gut wie möglich verpacken und ihn bitten, diese große Entscheidung zu treffen.

Viele Menschen *scheinen sich gegen den Begriff "Pitch" zu wehren.* Für mich ist er ein bisschen unangenehm.
Wir sind alle Fachleute auf unserem Gebiet, also präsentieren wir die Ergebnisse, nach denen wir suchen, und werben nicht.

Zuvor ist es wichtig zu verstehen, wie die Präsentation innerhalb des Verkaufsprozesses positioniert werden sollte. Verkaufspräsentationen sollten in erster Linie ein einseitiger Prozess für. sein. Sie sollten darauf vorbereitet sein, den potenziellen Kunden zu verstehen, eine

Beziehung aufzubauen und Fragen zu stellen, damit Sie wissen, dass Ihre Ergebnisse für diesen Kunden relevant sind. So können Sie sicher sein, dass das, was Sie ihm präsentieren werden, eine geeignete Lösung für seine Herausforderungen ist, seinen Bedürfnissen entspricht und er sich am Ende Ihrer Präsentation bei Ihnen bedanken kann.

Nach all dieser Arbeit sollten Sie sich ziemlich sicher fühlen, dass Ihre Präsentation auf ein "Ja!" zusteuert. Das bedeutet, dass Sie die volle Kontrolle haben und eine reine Verkaufspräsentation mit sehr wenigen Unterbrechungen halten können, die alle Informationen vermittelt, Enthusiasmus ausstrahlt und eine Dynamik aufbaut, die zum Abschluss des Geschäfts führt.

Sie wollen, dass die Menschen Entscheidungen treffen und sich verpflichten, vorwärts zu gehen. Begeisterung selbst ist der Katalysator für die Entscheidungsfindung. Wenn Sie also wollen, dass die Menschen Entscheidungen treffen und sich begeistert fühlen, müssen Sie auch begeistert sein. Seien Sie begeistert, wenn Sie Lösungen anbieten.

Einen großen Teil Ihrer Präsentation machen Sie selbst aus. Sie sind Ihre eigene Präsentation. Diese Hilfsmittel können Ihre Präsentation unterstützen, aber sie sollten sie nicht leiten.. Ob es sich um einen 60-Sekunden-Lift-Pitch, die abschließenden Worte eines halbtägigen (.) Angebots oder eine Zusammenfassung eines persönlichen Treffens handelt, jede gute Verkaufspräsentation sollte absichtlich der vorgegebenen Struktur folgen.

Bevor Sie mit Ihrer Präsentation beginnen, sollten Sie sich überlegen, was Ihr Publikum tun soll. Wollen Sie, dass sie Ja sagen und einen Vertrag unterschreiben? Wollen Sie, dass sie Ihnen einen Scheck, Bargeld oder ihre Kreditkartendaten geben? Wollen Sie einfach zum nächsten Schritt übergehen oder wollen Sie weitere Informationen? Solange Sie die Antworten auf diese Fragen nicht kennen, können Sie keine erfolgreiche Verkaufspräsentation erstellen.

. Es gibt drei Stufen einer Stopper-Präsentation.

Anfang

Diese Einrichtung besteht aus zwei Hauptkomponenten.

1. **Einleitende Worte** - eine einleitende Aussage, die es der anderen Person ermöglicht, genau zu erkennen, warum dieses Gespräch stattfindet. Das kann etwas so Einfaches sein wie "Wir haben uns heute hier versammelt, um herauszufinden, wie die Dienstleistungen von XYZ zur Verbesserung von ABC beitragen können". Auf diese Weise können Sie sofort darauf hinweisen, dass es sich um ein ergebnisorientiertes Gespräch handelt (.). Auf diese Weise können Sie die Initiative ergreifen, indem Sie dem Gespräch einen Zweck geben. Sie können dann an der Körpersprache und den Reaktionen Ihres Gesprächspartners ablesen, wie viel noch zu tun ist. Wenn Ihr Gegenüber nickt und lächelt, fühlen Sie sich wohl, denn er akzeptiert, dass dies der Zweck des Treffens ist. Wenn er sich jedoch unwohl fühlt, deutet dies darauf hin, dass er nur Informationen sucht oder nicht in der Lage ist, heute zu kaufen. In diesem Fall werden Sie feststellen, dass Ihre Präsentation auf einem viel höheren Niveau gehalten werden muss.

2. **Tagesordnung - Dies kann eine** formelle, schriftliche Tagesordnung sein, in der die zu **behandelnden** Punkte erläutert und jedem Teilnehmer ausgehändigt werden, oder es kann einfach eine mündliche Erklärung sein, was behandelt wird. Wenn Sie mündlich erklären, könnte es so einfach sein wie: "Wir möchten Ihnen kurz unsere Geschichte, unsere Struktur, die Ihnen helfen soll, Ihre Ziele zu erreichen, und die spezifischen Dienstleistungen, die wir Ihnen heute empfohlen haben, erläutern, gefolgt von etwas Zeit für Sie, um zu entscheiden, was Sie als nächstes tun möchten. Das wird es sein.

Indem Sie dann eine Tagesordnung vorlegen, kontrollieren Sie die Diskussion und bringen die Leute dazu, sich an die vorgegebenen Regeln zu halten. Indem Sie den Leuten sagen, dass sie am Ende um eine Entscheidung gebeten werden, haben Sie sie gewarnt. Indem Sie zu Beginn Ihrer Präsentation um eine Entscheidung bitten, verpflichten Sie sich selbst dazu, am Ende um eine Entscheidung zu bitten.

Die Mitte.

Die Mitte ist wichtig, denn hier müssen Sie genügend Informationen liefern, um eine Kaufentscheidung zu treffen. Es gibt drei Schlüsselkomponenten, die in der Mitte jeder Präsentation enthalten sein müssen

1. **Geschichte und Glaubwürdigkeit - das** sind sowohl Sie als auch Ihr Unternehmen. Sie wollen sich von Ihren Mitbewerbern abheben, und das ist Ihre Chance, dies zu tun. Hier geht es darum, wie lange Sie das, was Sie tun, schon tun, und mit welcher Art von Menschen Sie in der Vergangenheit zusammengearbeitet haben. Ein Beispiel dafür, was sofortige Glaubwürdigkeit bringt.

   ○ Anzahl der bisherigen Erfolge.

   ○ Auszeichnungen und Anerkennungen

   ○ . Namensnennung durch hochrangige Kunden und Partner

Wenn Sie anderen erzählen, wie großartig Sie sind, achten Sie darauf, dass Sie andere Kunden nicht herabsetzen. Sie könnten nämlich denken: "Wenn du mit einem so großen Unternehmen zusammenarbeitest, bist du zu groß für mich. Ich möchte nicht ihr schlechtester Kunde sein", weil sie denken könnten: "Ich möchte nicht ihr schlechtester Kunde sein". In meinem Geschäft arbeite ich mit Hunderten von unabhängigen Geschäftsinhabern bis hin zu Fortune-500-Unternehmen zusammen. Das gibt Menschen auf allen Ebenen das Vertrauen, dass wir gut für sie sind.

Darüber hinaus kann die Einbeziehung der dritten Person die Glaubwürdigkeit erhöhen. Mit sich selbst zu prahlen, kann schwierig sein. Die Verlagerung von Kundenberichten und Kundenfeedback in die dritte Person ermöglicht ein bescheideneres Prahlen.

Beispiel.

- "Viele unserer Kunden beschreiben uns als..." Dies wird
- ausgedrückt als.

- "Erst letzte Woche hat ein Kunde..."

"Wenn Sie sich unser Yelp-Profil ansehen, haben wir über 100 Fünf-Sterne-Bewertungen.".

Dritte. Parteiunterstützungen in der Geschichte und

Das Wort "Zuverlässigkeit" kann auch verwendet werden, um den Wert und die Substanz zu erhöhen, ohne dabei anmaßend zu wirken und ohne den Eindruck von Arroganz zu vermitteln.

2. **Informieren Sie über Ihr Produkt- und Dienstleistungsangebot -** hat Ihnen schon einmal ein potenzieller Kunde gesagt, dass er das Produkt oder die Dienstleistung, die Sie anbieten können, bei einem anderen Unternehmen kauft? Es sollte auf jeden Fall in Ihrer Verantwortung liegen, alles, was Sie anzubieten haben, mitzuteilen, und auch wenn es in Ihrer Broschüre oder auf Ihrer Website steht, ist dies Ihre Chance, es den Leuten zu sagen. Dies sollte eine Einkaufsliste von Produkten und Dienstleistungen sein, keine detaillierte Beschreibung all dessen, was Sie zu bieten haben. Wenn Sie nur eine Handvoll Dienstleistungen anbieten, kann eine Liste ausreichend sein. Wenn Sie eine umfassende Palette von Dienstleistungen anbieten, wird die Auflistung von" und bis" den Käufern das Vertrauen geben, dass Sie sie abdecken. Damit legen Sie nicht nur den Grundstein für künftige Verkaufschancen, sondern geben Ihren Kunden auch die Gewissheit, dass Sie mit ihnen wachsen können, wenn sie heute mit Ihnen zusammenarbeiten.

3. **Stellen Sie daher alle Informationen zur Verfügung, die sie über diese eine Sache wissen müssen.** Bevor Sie irgendetwas Zusätzliches verkaufen, müssen Sie einen wichtigen Artikel verkaufen, also liefern Sie alle Informationen, die der Kunde über diese eine Sache wissen muss. Das gilt nicht nur für die Merkmale des Produkts, sondern auch für seine Bedeutung und die Art und Weise, wie es ihnen in ihrer Situation helfen kann. Fügen

Sie ihre Worte wieder ein, indem Sie Wörter wie "weil" verwenden, und erklären Sie dann, was es für sie bedeutet, wie Ihre Lösung ihrer Situation helfen kann.

An dieser Stelle sollte auch der Preis des Angebots in eindrucksvoller Weise erläutert und nicht bis zur letzten Minute aufgespart werden. . Der Preis ist in einer perfekten Position, um der Beschreibung des gesamten Pakets zu folgen, und die Einleitung zum Preis kann so einfach sein wie "Sie können all dies für eine feste Investition von nur (Preis einfügen) erhalten".

Ende

Aber warum hören sie mir mitten im wichtigsten Teil meiner Präsentation nicht mehr zu? Sie könnten denken, dass es daran liegt, dass Sie nicht interessiert sind. Aber in Wirklichkeit ist das Gegenteil der Fall. Sie haben sich an ihren Lieblingsplatz zurückgezogen und denken über die Bedeutung und Umsetzung der Ideen nach, die Sie ihnen nahelegen. Sie haben aufgehört zuzuhören, und wenn Sie zurückkommen, um ihre Aufmerksamkeit zu erlangen, werden sie sich fragen, was sie verpasst haben, und werden das Gefühl haben, dass sie nicht alle Informationen haben, die sie brauchen. Sie sind also noch nicht aufgefordert, eine Entscheidung zu treffen. Deshalb brauchen Sie einen starken Schluss.

Geben Sie ihnen eine Zusammenfassung. Die Zusammenfassung ist lediglich ein Überblick über das, was Sie ihnen gesagt haben. Erzählen Sie von Ihrem Werdegang und Ihrer Glaubwürdigkeit, teilen Sie die Palette der von Ihnen angebotenen Produkte und Dienstleistungen mit und wiederholen Sie die Tatsache, dass Sie ihnen ausführlich über die eine Sache berichtet haben, die für sie richtig ist, und warum Sie das so sehen. Wenn Sie dies tun, werden sie beginnen, den Punkt in ihrem Kopf zu überprüfen und denken, dass sie alle Informationen erhalten haben, die sie brauchen. Da sie glauben, dass sie alle Informationen haben, die sie für eine Kaufentscheidung brauchen, können Sie sie auffordern, das zu tun, was Sie anfangs gesagt haben, und diese Entscheidung zu treffen. Abschließend leiten Sie sie zu dem

Ergebnis ihrer ursprünglichen Entscheidung an und fordern sie auf, den nächsten Schritt zu tun.

Variationen dieser Präsentation werden in Zukunft unzählige Male benötigt werden. Auf Ihre Worte kommt es an, und an diesem Punkt der Interaktion sind sie wichtiger denn je. Schreiben Sie jedes Wort auf, betrachten Sie die Komponenten als unabhängige Blöcke und entwickeln Sie Ihre Verkaufspräsentation weiter, um Ihr Selbstvertrauen und Ihre Kompetenz mit jeder Interaktion zu steigern.

Schließen

Verkäufer stehen unter enormem Druck, den "Verkauf abzuschließen". Wenn Sie die Grundsätze befolgen, die wir Ihnen bisher in diesem Buch erläutert haben, ist dieser Druck fast unnötig. Beim Abschluss geht es darum, den Käufer zu veranlassen, seine Entscheidung durch eine Handlung zu bestätigen. In Anbetracht des bisherigen Gesprächsverlaufs scheint es fair zu sein, eine Entscheidung zu verlangen. Am besten ist es, wenn Sie sich vom Erfolg der Entscheidung selbst distanzieren. Seien Sie sich bewusst, dass Ihre Aufgabe darin besteht, dem Käufer dabei zu helfen, seine Aktion mit einer definitiven Antwort abzuschließen und diese Entscheidung zu erleichtern (.). Lösen Sie sich von dem Gedanken, dass Sie manipulieren oder eine positive Entscheidung verlangen, und bedenken Sie stattdessen, dass Sie das Ergebnis in eine Richtung lenken, die für alle Parteien die richtige Lösung zu sein scheint. Käufer wollen in der Regel geführt werden, und beim Abschluss kann Ihre Führung dazu beitragen, dass alle Beteiligten das bekommen, wonach sie gesucht haben. Im Folgenden finden Sie fünf weit verbreitete Techniken, mit denen Sie das Ende des Gesprächs steuern und die Diskussion in diesen Situationen zum Abschluss führen können.

Annahmen.

In dem, was wir Ihnen bisher erzählt haben, haben Sie einen sehr beratenden Verkaufsprozess kennengelernt. Ein Hauptgrund, warum sich viele Menschen scheuen, um einen Auftrag zu bitten, ist die Angst vor Ablehnung. Indem man den Beratungsprozess um einen fiktiven Frage-Antwort-Ansatz erweitert, entsteht eine Technik, bei der die Angst vor Ablehnung überhaupt nicht vorhanden ist.

Da Sie wissen, dass der Käufer wahrscheinlich Ihren Rat sucht, können Sie eine Reihe von Aussagen machen und dann eine Frage nach dieser Aussage stellen. Wenn der Käufer diese Frage beantwortet, bedeutet das, dass er mit dem, was Sie gesagt haben, zufrieden ist.

Stellen wir uns nun ein sozial orientiertes Telefongespräch vor.

"Wir suchten nach dem besten Tag für unseren nächsten Abend und stellten fest, dass Donnerstag 20. 3 am besten geeignet war. Ich dachte daran, zuerst gegen 19 Uhr in einem chinesischen Restaurant auf dem Hügel zu essen und dann gegen 21 Uhr in eine neue Cocktailbar in der Innenstadt zu gehen. . Werden Sie mit dem Auto fahren oder ein Taxi zum Restaurant nehmen?

Dabei handelt es sich um eine Reihe von Aussagen, die dazu führen, dass der Empfänger mit einer der Optionen antwortet und dem Rest der Tagesordnung zustimmt. Die einzige andere Möglichkeit besteht darin, eine Alternative vorzuschlagen oder eine Frage zu stellen. Unabhängig davon, welche Methode angewandt wird, ist es ein schnelles und effektives Mittel, um eine Entscheidung zu bestätigen.

Eine solche Präsentation erfordert Selbstvertrauen und eine gute Einstellung. Um selbstbewusst aufzutreten, sollten Sie sich vor Augen führen, welche Anstrengungen Sie unternommen haben, um zu diesem Punkt zu gelangen. Zweifellos werden Ihre potenziellen Kunden sehr interessiert sein und während Ihrer Präsentation mit dem Kopf nicken und lächeln. An diesem Punkt verspreche ich Ihnen, dass Sie sich das Recht verdient haben, Vermutungen anzustellen.

Ein einfaches Beispiel aus der Wirtschaft wäre wie folgt.

Wir werden so bald wie möglich mit dem Projekt beginnen und es bis spätestens Mitte nächsten Monats abschließen. Mit allem, was wir heute besprochen haben, beträgt Ihre Investition nur 450 $. Um loszulegen, müssen Sie nur ein einfaches Formular auf Seite 1 ausfüllen, angefangen mit Ihrem Namen und Ihrer Adresse. Wo möchten Sie Ihre Adresse haben?

Wenn Sie die Frage beantworten, erklärt sich der Kunde mit der vorherigen Erklärung einverstanden und bestätigt die Bestellung. Die einzige Möglichkeit, die der Kunde hat, ist, Ihnen eine Gegenfrage zu stellen. Wenn dies der Fall ist, beantworten Sie die Frage und stellen Sie dann erneut eine einfache Frage.

bedingter Abschluss

In der Vergangenheit wurden Sie vielleicht von einem Kunden aufgefordert, von Standardpreisen, -bedingungen oder -plänen abzuweichen. Wenn ein Kunde Sie bittet, Ihre Standardbedingungen zu ändern, sollten Sie mit einem bedingten Abschluss die Kontrolle zurückgewinnen, bevor Sie den Wechsel in Betracht ziehen. Der bedingte Abschluss ist eine Form von "Wenn ich... , werden Sie...?" und basiert auf der Struktur "Wenn ich..., werden Sie...?". Beispiele hierfür sind.

- "Wenn Sie diesen Preis sichern können, wie möchten Sie dann heute bestellen?"
- "Wenn Sie den Liefertermin einhalten, können Sie mich dann heute bezahlen?"

"Wenn ich diese Bedingungen ändern könnte, würden Sie sich dann an uns als Exklusivlieferanten binden?"

Diese Rückgabe der Kontrolle bedeutet, dass Sie ihm nur etwas geben müssen, wenn er etwas tut. So können Sie schnell feststellen, wie das Szenario aussieht und ob der Interessent tatsächlich bereit ist, mit Ihnen Geschäfte zu machen, oder ob er sich nur umschaut.

alternativ schließen

In der ersten Hälfte des Buches wurden Sie vor die Wahl zwischen zwei Terminen gestellt und gefragt: "Welchen würden Sie bevorzugen?" Auf die Frage "Welchen Termin würden Sie bevorzugen?" lernten Sie eine alternative Abschlussmethode kennen, die es leichter macht, einen Termin zu bekommen.

Genau dasselbe Prinzip kann zur Beschleunigung der Entscheidungsfindung genutzt werden, indem man mehrere Varianten der Antwort "Ja" anbietet (.) und dem Kunden die Wahl lässt. Durch die Auswahl der Details aus der gesamten Transaktion und die anschließende Auswahl der Details aus der gesamten Transaktion kann der gesamte Entscheidungsprozess verdeutlicht werden.

Beispiele hierfür sind.

- "Möchten Sie es rot oder schwarz?"

- "Ist das mit (Artikel einfügen) oder ohne?"

- "Können Sie an Wochenenden liefern? Oder können Sie es an einem Wochentag machen?"

Wenn Sie Ihre Optionen einschränken und sich selbst die Kontrolle überlassen, können Sie die Entscheidungsfindung schnell steuern. Klären Sie Gegensätze und beseitigen Sie Unklarheiten. Hätte ich im ersten Beispiel gefragt: "Welche Farbe möchten Sie?", hätte der Kunde ewig über die Vielzahl der Möglichkeiten diskutiert und die Entscheidung hätte sich in die Länge gezogen, weil es so viel Auswahl gab.

direkt schließen

Vielleicht hatten Sie in Ihrer beruflichen Laufbahn schon mit Menschen zu tun, die sich einfach nicht entscheiden können. Einige von Ihnen sind vielleicht gebeten worden, ihren Vorschlag immer wieder zu überarbeiten und ihn für immer als "vielleicht" stehen zu lassen. Ich nenne diese Menschen "Hufschmiede", und es ist unsere Aufgabe, sie schnell und effizient durch den Entscheidungsprozess zu führen. Zeit ist kostbar. In diesen Fällen ist eine direkte Ansprache die beste Option. Ich wähle diesen Ansatz nur, wenn ich bereit bin, ein "Nein" des Interessenten zu akzeptieren.

Dies bedeutet, dass dem Käufer eine "Ja"- oder "Nein"-Option angeboten wird und er gefragt wird: "Möchten Sie bestellen? Ja oder Nein?" Dieser Vorgang löst bei Ihnen das Vertrauen aus, eine Entscheidung zu treffen und so oder so weiterzumachen. Dies kann oft zu einer positiven Entscheidung führen, da die Befürchtung, dass Sie das Angebot annehmen werden, regelmäßig die Kaufentscheidung auslöst.

Übersicht Schließen

Große Entscheidungen sind schwierig. Kleine Entscheidungen sind viel einfacher. Das Aufschlüsseln der Entscheidung durch eine Reihe von kleinen Fragen, die dem Käufer helfen, sich in seiner Entscheidung sicher zu fühlen, ist ein guter zweiter Versuch, wenn der Käufer unentschlossen bleibt.

Ihr Ziel ist es, einen Rhythmus von Fragen zu entwickeln, die alle zu Antworten führen, die auf einem Ja basieren. . Der Rhythmus, in dem die Käufer jede Komponente mit "Ja" beantworten, führt dazu, dass die "Ja"-Option die einzige Option für das Ganze ist. Beginnen Sie mit den Fragen, die mit einem eindeutigen "Ja" beantwortet werden können, und arbeiten Sie sich zu spezifischeren Entscheidungen vor.

Beispiele für Buchhaltungspersonal können sein.

- "Sie brauchen definitiv einen Buchhalter."
- "Sie müssen doch nächsten Monat Ihre Steuererklärung abgeben, nicht wahr?"
- "Möchten Sie, dass Ihr Buchhalter vor Ort ist?"
- "Können Sie alle Aspekte der Buchhaltung abdecken?"

"Wir haben uns heute noch einmal unterhalten." "Glauben Sie, dass wir Ihnen helfen können, was Sie brauchen?"

- "Verstehen Sie unser Leistungsangebot und unsere Preise?"
- "Nach unseren Argumenten wäre das Silber-Paket am effektivsten?"
- "Wollen Sie sofort damit anfangen?"

Eine positive Antwort auf jede einzelne Komponente gibt allen Beteiligten Zuversicht und ermöglicht es ihnen, genau die nächste Maßnahme in Angriff zu nehmen, die erforderlich ist.

Dieser verlangsamte. , Komponenten. geführte Ansatz ermöglicht es Ihnen auch, kleine Stolpersteine zu finden, die Sie nach der Trennung vielleicht vermeiden können.

Kaufauslöser

Es gibt viele Faktoren, die Menschen dazu bewegen, eine Kaufentscheidung zu treffen. Wenn Sie diese Elemente in Ihre Präsentation, Ihr Angebot und Ihren Abschluss einbeziehen, können Sie sich einen besonderen Vorteil verschaffen und weitere Entscheidungen auslösen.

- Produktknappheit.
- begrenzter Verkauf
- Leichtigkeit des ersten Handelns
- Ein kostenloses Geschenk bei jedem Kauf.
- Mengenrabatt
- Attraktive Zahlungsbedingungen.
- Geschwindigkeit der Lieferung
- Beseitigung der Angst vor Verlust.

6

Maximierung der Chancen

Wie die meisten anderen Menschen lassen Sie bei fast jeder Interaktion garantiert den Erfolg auf der Strecke. Ob es sich um persönliche Termine, Telefongespräche oder Marketingbotschaften handelt, Sie verschenken ein riesiges Potenzial für den Verkaufserfolg, indem Sie Geld auf dem Tisch liegen lassen.

Wenn Sie diesen Artikel lesen, denken Sie vielleicht, dass Ihre Konversionsrate hoch ist, Ihre Kunden zufrieden sind und Ihr Unternehmen gut läuft. Wenn es um das Wachstum Ihres Unternehmens geht, zählt jeder Augenblick. Unabhängig davon, wie erfolgreich Sie derzeit sind, besteht das Ziel darin, immer noch ein bisschen höher zu kommen und das Beste aus Ihren Möglichkeiten zu machen. Zu viele Menschen gehen an Verkaufschancen mit der Denkweise heran, dass es nur zwei Möglichkeiten gibt: Erfolg oder Misserfolg. Anstatt die Dinge schwarz und weiß zu sehen, ändern Sie die Schattierungen der Grauzone, indem Sie auf Ihren Erfolgen in jedem einzelnen Geschäftstreffen aufbauen, den Standard erhöhen und sich selbst herausfordern, um zu sehen, wie viel Sie aus jedem Moment herausholen können.

Das bedeutet, dass Sie Ihren Erfolg vor jeder Gelegenheit planen und überlegen müssen, was tatsächlich angeboten wird. Sie könnten einen Termin mit jemandem vereinbaren, der Interesse an einem bestimmten Produkt oder einer Dienstleistung bekundet hat. Seien Sie unvoreingenommen und denken Sie: "Was könnte diese Person noch anbieten?

Zu beachtende Punkte.

- **Zusatzverkäufe - der** einfachste Zeitpunkt, **jemandem** etwas zu verkaufen, ist unmittelbar nach der ersten Kaufentscheidung.

- **Nächste Termine - die** Häufigkeit der Transaktionen zu erhöhen, ist eine gute Möglichkeit, Ihr Geschäft auszubauen. Und Sie können dies unter Kontrolle halten, indem Sie Ihren nächsten Termin planen.

- **Empfehlungen - Das** Ersuchen um Empfehlungen sollte eine Routineübung sein.

- **Kosteneinsparungen - wenn** Sie Zeit mit diesem Kunden verbringen, kann er vielleicht sein Angebot für Sie verbessern. Wenn Sie nicht fragen, werden Sie es auch nicht bekommen.

- Viele Ihrer Kunden haben eine Kundendatenbank und schicken Ihnen regelmäßig Newsletter. Wenn Sie sie bitten, Sie in diesen Newsletter aufzunehmen, stimmen sie vielleicht zu.

Auch hier gilt: Wer nicht danach fragt, bekommt es nicht!

Es steht Ihnen immer mehr zur Verfügung. Wenn Sie das Ausmaß der Chance bedenken, bevor Sie sie wahrnehmen, werden Sie mit größerer Wahrscheinlichkeit mehr erreichen.

In diesem Kapitel werden einige Möglichkeiten aufgezeigt, wie Sie mehr Zeit gewinnen und auf Ihren Erfolgen aufbauen können.

Vermeidung von unverkauften Waren

Im modernen Geschäftsleben ist Ihr Ruf alles, und Wiederholungsgeschäfte, die Weiterverfolgung des Verkaufs. und Empfehlungen sind für das Wachstum des Unternehmens von wesentlicher Bedeutung. Wenn Sie sich selbst, Ihre Produkte oder Dienstleistungen verkaufen, kann der Wunsch, an Ort und Stelle gut dazustehen oder einen Verkauf noch am selben Tag zu ermöglichen, zu leicht übertriebenen Versprechungen führen.

Lassen Sie beim Verkauf Raum, um die Ergebnisse zu übertreffen, und verkaufen Sie niemals etwas für mehr, als es wert ist. Falsche Versprechungen können dazu führen, dass Sie zu gut klingen, um wahr zu sein, oder dass der Preis, den Sie anbieten, nicht Ihrem Wert entspricht. In solchen Fällen werden die Verbraucher kein Vertrauen in Ihre Fähigkeit haben, Ihre Versprechen zu halten.

Wenn Dinge "zu gut klingen, um wahr zu sein", stellt man sich innerlich die Frage: "Wo ist der Haken?" Um dieses Problem zu lösen und Menschen für Ihre Denkweise zu gewinnen, gibt es einige einfache Lösungen.

1. Bei jedem Geschäft gibt es neben all den guten Nachrichten auch eine schlechte Nachricht - **teilen Sie sie mit.** Wenn Sie auch die schlechten Nachrichten mitteilen, können die Menschen genau verstehen, was Sie anbieten.

2. **Vertrauen in den Preis** - mangelndes Vertrauen in den Preis deutet darauf hin, dass sie glauben, der Preis sei es nicht wert. Je mehr Vertrauen sie in den Preis haben, desto mehr glauben die Verbraucher, dass der Preis angemessen ist.

3. **Setzen Sie realistische Erwartungen** - setzen Sie Mindesterwartungen und arbeiten Sie dann daran, die Erwartungen des Kunden zu übertreffen. Mit diesem Ansatz gewinnen Sie nicht nur mehr Aufträge, sondern können Ihre Kunden auch länger an sich binden, indem Sie ihre Erwartungen übertreffen und einen Ruf schaffen, der es Ihnen erleichtert, sie weiterzuempfehlen.

Über den Preis

Die erste Lektion über Preisgestaltung wurde mir als 14-jährigem (.). Geschäftsmann erteilt. Die Einfachheit dieser Lektion hat sich in zahlreichen Angeboten und bei Dutzenden von Kunden wiederholt und ist immer noch etwas, woran ich in meinem eigenen Geschäft ständig erinnert werden muss.

Als Kind betrieb ich ein sehr erfolgreiches Autopflegegeschäft, das mit einem Preis von 3 £ für eine Handwäsche begann (.). Bald merkte ich, dass ich 3,50 £ verlangen konnte, ohne den Entscheidungsprozess auf zu beeinträchtigen, und brachte die Leute oft dazu, 4 £ für meine Bemühungen zu bezahlen. Der nächste logische Schritt war, es mit 4,50 £ zu versuchen. Dies führte auf magische Weise zu noch mehr Bequemlichkeit für die Kunden. Sie zahlten mit einem knackigen £5-Schein und sagten: "Behalten Sie das Wechselgeld." Mit einem guten Gefühl gingen sie wieder auf die 5,50 £ zu, stießen aber schnell auf Widerstand. Der Widerstand begann jedoch bald. Die Kunden verschoben ihre Termine, verschoben die Reinigung oder sagten sogar ganz ab. Ich habe durch Versuch und Irrtum herausgefunden, dass der Höchstpreis für die von mir angebotene Dienstleistung 5 £ beträgt.

Ich treffe viele Geschäftsinhaber, die stolz darüber sprechen, dass sie 100 % ihrer Geschäftsmöglichkeiten umsetzen können. Die Realität ist jedoch, dass einige Kunden ausgeschlossen werden sollten, und wenn wir das nicht tun, müssen wir erst noch den optimalen Preispunkt finden. Der Preis sollte sich danach richten, was Ihr Produkt oder Ihre Dienstleistung für den Verbraucher wert ist, und nicht danach, wie viel es Sie kostet. Wenn Sie Ihr Produkt zu einem Preis anbieten, den der Verbraucher zu zahlen bereit ist, und Sie einen angemessenen Gewinn erzielen, sind Sie im Geschäft.

Schauen Sie sich die aktuelle Preisgestaltung an und betrachten Sie sie aus dem Blickwinkel des Kunden. Was impliziert sie? Wenn sie Ihnen vorgelegt würde, wie würden Sie sie interpretieren und was würden Sie denken?

Mit zunehmendem Wissen und zunehmender Erfahrung sollte auch die Kompetenz steigen und die Preise sollten folgen. In jedem Beruf bringt Erfahrung Belohnungen mit sich. Indem Sie Ihre Verkaufsfähigkeiten verbessern, können Sie Ihren Wert für die Kunden unter Beweis stellen und werden entsprechend belohnt.

Testen Sie Ihre Preisgestaltung und probieren Sie ständig neue Preispunkte aus, bis Sie den optimalen Preispunkt gefunden haben. Sie können dann Premium- oder Value-Produkte zu beiden Seiten Ihres Kernprodukts oder Ihrer Dienstleistung einführen - wenn Sie einen Kunden haben, der gerne 5.500 Dollar zahlt, macht es keinen Unterschied, ob Sie 5.650 oder 5.685 Dollar verlangen. Und wenn Sie mit Ihrer Preisgestaltung erfolgreich sind, verdienen Sie 100 % von jedem Dollar, den Sie ausgeben, ohne zusätzliche Kosten oder zusätzliche Arbeit.

Ihr Downsell.

Bald werden Sie die Grundsätze für die Gewinnung zusätzlicher Verkäufe oder Upsells von Kunden kennenlernen. Häufig übersehen wird jedoch die Möglichkeit, gescheiterte Verkaufschancen durch die Einführung von Downselling zu retten. Die Kundenakquise ist die größte Herausforderung beim Wachstum eines Unternehmens. Daher ist es von Vorteil, nach Möglichkeiten zu suchen, Verkaufsszenarien zu nutzen, die nicht die gewünschten Ergebnisse liefern.

Wenn das erste Ergebnis nicht erreicht wird, sollten Sie überlegen, was als Alternative eingeführt werden könnte. Dies könnte ein "einfaches erstes Ja" sein oder die Einführung eines Teils der erwarteten Aufträge.

Was ich weiß, ist, dass ein Teilerfolg weitaus befriedigender ist als ein kompletter Misserfolg. Die Fähigkeit, kleinere Entscheidungen zu treffen, wenn die erste Maßnahme fehlschlägt, wird Ihnen ein bedeutendes zusätzliches Geschäft bringen und Ihnen die Möglichkeit geben, Ihre ursprünglichen Ziele im Laufe der Zeit zu erreichen.

In meiner Branche berichten mir Kunden oft, dass es ihnen nicht möglich ist, meine Dienste als Redner oder Trainer direkt in Anspruch zu nehmen. Dies hat zu einem Downselling geführt, z. B. zu Großbestellungen von Büchern oder Online-Schulungen. In diesen Fällen habe ich meine ursprünglichen Ziele bei weitem nicht erreicht, aber dennoch gewinnbringende Umsätze erzielt und in vielen Fällen weiter mit dem Kunden zusammengearbeitet.

Das Fehlen eines festen Downsells führt zu vielen Szenarien, bei denen beide Seiten verlieren.

Einfaches Upselling

Wie man am Verkaufsort einen Mehrwert verkauft, kann man lernen, indem man eines der effizientesten Unternehmen studiert. Das weltweit tätige Franchise-Unternehmen McDonald's hat es geschafft, die durchschnittliche Bestellmenge zu erhöhen, indem es jedem Kunden, der eine Mahlzeit bestellt, sehr direkte Fragen stellt. Diese Aufforderung "go large" oder "supersize" verrät Ihnen viel von dem, was Sie wissen müssen, um erfolgreich Upselling zu betreiben.

1. **Timing -** es gibt einen perfekten Zeitpunkt, um dem Kunden weitere Verkäufe vorzustellen. Er liegt nach dem Zeitpunkt der Entscheidung und vor dem Zeitpunkt der Zahlung. Dieses Zeitfenster bietet einen Zeitraum, in dem Sie sehr viel gewinnen können und nur ein geringes Verlustrisiko haben.

2. **Aufschläge** - zusätzliche Ergänzungskäufe oder zusätzliche Mengen, die 20 % des ursprünglich vereinbarten Preises nicht überschreiten, können dazu beitragen, den Entscheidungsprozess zu beschleunigen. Wird dieser Wert überschritten, sind möglicherweise zusätzliche Gespräche erforderlich und die Dynamik wird gebremst.

3. **Konsequenzen bei Ablehnung - eine Ablehnung hat keine** Konsequenzen, kein Verweis des Arbeitgebers an den Arbeitnehmer, keine Anfechtung durch den Kellner gegenüber dem Kunden. Die Aufgabe des Kellners ist es, Fragen zu stellen und sich nicht um die Konsequenzen zu kümmern.

4. **Häufigkeit der Anfragen** - Anfragen werden jedes Mal gestellt, ohne Ausnahme und in allen Teilen der Welt. Beständigkeit ist der Schlüssel, und die kombinierte Wirkung dieser wiederholten Anfragen hat jedes Jahr zu Millionen von Dollar an Umsatzsteigerungen geführt.

Nachdem Sie die Eleganz dieses Beispiels verstanden haben, müssen Sie sich fragen, ob diese Arbeitnehmer mehr oder weniger qualifiziert sind als Sie. Wenn dies in einem Weltklasse-Fastfood-Restaurant geschieht, bin ich zuversichtlich, dass Sie dies in Ihrem Unternehmen nachahmen und eine erhebliche Umsatzsteigerung erzielen können. Befolgen Sie die Regeln, stellen Sie die Fragen und gehen Sie mit der folgenden Denkweise an die Sache heran.

Manche schon.

Einige tun dies nicht.

Was ist damit?

Die Kunden von McDonald's hätten nicht auf eine zusätzliche Flüssigkeit oder eine Handvoll zusätzlicher Pommes frites verzichten müssen. Bei der Bereitstellung von Extras geht es um den Zusatznutzen, und wenn man sie nicht zur Verfügung stellt und die Kunden auffordert, sich zu melden, werden sie nicht vermisst.

Vorteile schaffen

Es gibt nur drei organische Wege, ein Unternehmen aufzubauen.

1. Erreichen Sie mehr Kunden.

2. Steigerung der Verkaufszahlen.

3. Erhöhen Sie die Häufigkeit der Transaktionen.

Wenn Sie als Verbraucher einkaufen gehen, sehen Sie ständig Beispiele dafür, wie Unternehmen versuchen, Ihr Verhalten zu beeinflussen und eines dieser Ergebnisse zu erzielen. Ich lade Sie ein, Ihre Sinne zu öffnen und von den Beispielen zu lernen, die es um Sie herum gibt. Das richtige Angebot für Ihr Produkt oder Ihre Dienstleistung kann einen großen Einfluss auf die Quantität und Qualität der Transaktionen haben und zu einem erfolgreichen Verkauf führen.

Bitte beachten Sie, dass es sechs verschiedene Arten von Angeboten gibt, die jeweils sehr unterschiedlich eingesetzt werden können, um die Ergebnisse zu maximieren. Wenn Sie erst einmal wissen, wie man Angebote einsetzt, werden Sie erstaunt sein, was Sie alles tun können, um die richtigen Ergebnisse zu erzielen.

Multibuy-Kampagne

In Geschäften auf der ganzen Welt finden Sie diese Angebote: drei kaufen, zwei bekommen; vier kaufen, eins umsonst bekommen; zwei kaufen, fünf bekommen; eins kaufen, eins umsonst bekommen; eins kaufen, eins umsonst bekommen; eins kaufen, eins umsonst bekommen; eins kaufen, eins umsonst bekommen; eins kaufen, eins umsonst bekommen; eins kaufen, eins umsonst bekommen. Jedes dieser Angebote ist auf einen bestimmten Zweck ausgerichtet. Das Hauptziel von Multikaufangeboten besteht darin, Kunden an Konsumgüter zu binden, was bei Toilettenartikeln häufig der Fall ist. Das erste attraktive Angebot reicht aus, um Sie von Ihrer zuvor gewählten Marke wegzulocken, und die Menge, die bei Ihnen verbleibt, schafft eine Bindung, die Sie möglicherweise zu dem neuen Produkt als Ihrer neuen Marke führt.

Handelt es sich bei dem Angebot um einen Preisnachlass auf ein einziges Produkt, so ist die Chance auf einen Wechsel der Kundenbindung deutlich geringer. Stattdessen ermutigen Angebote für Mehrfachkäufe die Menschen, mehr Produkte zu kaufen, als sie wirklich brauchen. Man gewöhnt sich daran, dieses Produkt zu verwenden, so dass man beim nächsten Einkauf, wenn es kein Sonderangebot für ein Produkt gibt, das mit dem Angebot gekaufte Produkt zur gewohnten Wahl macht und die Loyalität wechselt.

Indem Sie Verbrauchsmaterialien mit Mengenangaben versehen und Angebote für Mehrfachkäufe nutzen, um die Kundenbindung zu fördern, investieren die Käufer stärker in Sie und Ihre Produkte und Dienstleistungen.

Rabattvorteile

Es gibt zwar viele Gründe für viele Angebote, aber die Hauptgründe für Preisnachlässe vor einem Geschäftstreffen sind erstens die Räumung unerwünschter Lagerbestände und zweitens das Anbieten höherer Anreize für neue Kunden, um gestaffelte Verkäufe zu tätigen.

In jedem Unternehmen ist es unerlässlich, alte Bestände auszumisten, und bei dienstleistungsbasierten Angeboten (.) besteht die Möglichkeit, Preise (.) als Anreiz für die Verarbeitung alter Materialien festzulegen. Viele Coaches, Berater und Ausbilder haben im Laufe der Jahre käuflich zu erwerbende Materialien entwickelt, die jedoch nicht mehr Teil ihres Hauptangebots sind. Sie zusammenzufassen und zu einem Bruchteil des ursprünglichen Preises anzubieten, kann eine großartige Möglichkeit sein, Einnahmen aus den Extras zu sichern.

Die zweite Variante ist besser geeignet, wenn Sie den Lebenszeitwert des Kunden kennen und davon ausgehen, dass Sie bei der ersten Transaktion eine Gewinnspanne verlieren, die Sie bei späteren Verkäufen wieder einholen. . Solche Angebote sollten gezielt eingesetzt werden, um maximale Wirkung zu erzielen, und mit einem im Voraus geplanten Verkaufsprozess kombiniert werden, um das Konto später zu erweitern.

bedingtes Angebot

Bedingte Angebote sind eine Möglichkeit, eine Reihe von Anspruchsvoraussetzungen zu schaffen, die Kunden erfüllen müssen, um Zugang zu zusätzlichen Leistungen zu erhalten. Zu den Bedingungen gehören.

- Größe des Vorgangs
- Betriebsgeschwindigkeit
- Bereitstellung von zusätzlichen Daten.
- Verpflichtung zu alternativen Maßnahmen.

Die Bedingungen sind die Ziele, die Sie erreichen wollen. Beispiel.

- Geben Sie $100 oder mehr aus und erhalten Sie 20% Rabatt auf Ihren nächsten Einkauf.
- Bestellen Sie noch heute und erhalten Sie dieses Geschenk.
- Füllen Sie die Umfrage aus und erhalten Sie einen Monat kostenlos (mit dem Namen des Produkts).
- Wenn Sie mit einem Freund oder einer Freundin unterwegs sind, erhalten Sie für jeden von Ihnen einen Artikel.

Bedingte Angebote können zu höheren durchschnittlichen Transaktionswerten, neuen Kundenempfehlungen, erhöhter Loyalität und zukünftigen Verkäufen führen.

Mitgliedschaft

Die Maslowsche Bedürfnishierarchie verdeutlicht das menschliche Bedürfnis nach Zugehörigkeit. In einer Welt, in der sich die Verbraucher nach Aufmerksamkeit sehnen, ist es ein großer Vorteil, Kunden zu haben, die zu Ihrem Unternehmen gehören.. Fast alle

Dienste, die auf der Grundlage eines Mitgliedschaftsmodells angeboten werden, haben die Möglichkeit entwickelt, Pakete oder Bündel von Diensten gegen eine wiederkehrende Gebühr anzubieten. Die Verteilung der Zahlungen über einen bestimmten Zeitraum senkt die Einstiegshürde zu Beginn der Geschäftsbeziehung und erhöht die Gesamtausgaben über die gesamte Lebensdauer des Kunden.

Wenn Sie seltene Dienstleistungen in eine monatlich wiederkehrende Ausgabe umwandeln, kann dies zu einer Gewohnheit in der Routine Ihrer Kunden werden. Die Verteilung Ihrer Investitionen auf geplante Zahlungspläne kann auch dazu beitragen, dass sich Ihre Kunden schneller für Sie entscheiden. Je einfacher es wird, desto mehr können Sie Ihren Kundenstamm erweitern und ihre Loyalität zu Ihnen erhöhen.

Wenn Sie ein konsumierbares Produkt haben - etwas, das die Leute immer wieder kaufen sollen -, überlegen Sie, wie Sie die Kunden dazu bringen können, sich zu regelmäßigen Transaktionen zu verpflichten und Stammkunden zu werden, ohne sich entscheiden zu müssen. Wenn sie sich einmal entschieden haben, nehmen sie es so lange, bis Sie ihnen sagen, dass sie aufhören sollen. Genau darum geht es bei einem Mitgliedschaftsangebot.

Geschenk des Käufers

Die besten Beispiele für diese Angebote sind immer an den Kosmetiktheken der Ferienkaufhäuser zu finden. Ein typisches Parfümfläschchen kostet 52 $, und es ist wahrscheinlich, dass ein 1,5 Unzen-Fläschchen erhältlich ist. Wenn Sie auf ein 3 Unzen-Fläschchen umsteigen, steigt der Preis auf 75 $. Einkäufe über 75 $ haben einen Wert von 50 $ (.) oder mehr, einschließlich Geldbörsen, Schminktäschchen und Strandtücher die für Geschenke in limitierter Auflage in Frage kommen. Wenn man die Wahl zwischen den beiden Flaschen hatte, war die größere Flasche aufgrund des wahrgenommenen Mehrwerts und des deutlichen Anstiegs des durchschnittlichen Transaktionswerts in diesem Zeitraum der klare Gewinner.

Geschenke werden auf vielen Märkten und auf allen Transaktionsstufen eingesetzt, um den Transaktionswert zu erhöhen. Lernen Sie vom Beispiel eines örtlichen Lebensmittel-Lieferdienstes und beobachten Sie, dass Geschenke zu einem ganz bestimmten Zeitpunkt angeboten werden, so dass ein weiterer Artikel bestellt werden muss, um die Geschenkanforderung zu erfüllen. Ein lokales chinesisches Restaurant bietet eine kostenlose Probeplatte bei Bestellungen über 35 $ an, was für zwei Personen normalerweise etwas mehr als 33 $ ausmacht.

Ross-Leser.

Unter Loss-Leadership versteht man die Praxis, etwas zu einem niedrigeren Preis als dem Selbstkostenpreis zu verkaufen, mit dem Hauptziel, den Umsatz zu steigern. Ein großer britischer Supermarkt führte eine aggressive Kampagne zur Einführung eines Harry-Potter-Buches durch. Das Buch kostete nur 5 Pfund, und die Kombination aus diesem gefragten Produkt und dem sehr niedrigen Preis führte zu einer Flut von Käufen in diesem Geschäft.

Wo haben sie ihre führenden Produkte von platziert? Das Wichtigste, was man sich merken sollte, ist, dass der Preis eines Produkts nicht mit dem Preis des Produkts selbst identisch ist, sondern der Preis des Produkts ist der Preis des Produkts selbst. Dies ist derselbe Ansatz wie ein begrenztes Angebot an Waren zu lächerlichen Preisen an Massenverkaufstagen wie dem Schwarzen Freitag und dem Cyber Monday.

Brauchen Sie einen Rabatt?

Die Käufer sind darauf trainiert, von Ihnen einen Preisnachlass zu verlangen. Diese Gewissheit erfordert, dass Sie eine Antwort im Voraus vorbereiten.

Denken Sie an eine Situation in Ihrem Leben, in der Sie einen Preisnachlass beantragt haben, vielleicht bei einer größeren Anschaffung wie einem Haus oder einem Auto. Als der Preisnachlass erzielt wurde, hätten Sie ein Gefühl von Erfolg und Zufriedenheit verspürt... Später würden Sie sich jedoch fragen, ob Sie einen besseren Preis hätten erzielen können. In ähnlicher Weise fragt sich auch der Verkäufer, ob er einen besseren Preis hätte erzielen können. Infolgedessen ist keine der beiden Parteien davon überzeugt, dass sie das beste Geschäft gemacht hat.

Wenn Sie in einem Ladengeschäft etwas kaufen, akzeptieren Sie den Preis und gehen weiter, ohne über die Transaktion nachzudenken. Sie sind mit Ihrem Kauf zufrieden, weil Sie wissen, dass Sie den gleichen Betrag bezahlt haben wie jeder andere an diesem Tag auch. Tun Sie alles, was Sie können, um die Integrität Ihrer Preisgestaltung zu schützen und allen Käufern eine einheitliche Preisgestaltung zu bieten.

Ziehen Sie eine Preisänderung nur dann in Betracht, wenn die Gegenleistung für den Preisnachlass einer Preissenkung gleichkommt. Wenn ein besserer Preis verlangt wird, überlegen Sie, was Sie dafür bekommen können. Zu berücksichtigen sind u. a..

- Erweiterung der Auftragsgrößen
- Lang. Langfristige Verpflichtungen von Kunden
- Verbesserte Zahlungsbedingungen.
- Vorstellung verschiedener Organisationen, mit denen gehandelt
- werden kann.

Kundenreferenzen und Fallstudien zur Unterstützung des zukünftigen Marketings.

Stellen Sie der Person, die den Rabatt beantragt hat, Fragen, hören Sie sich ihre Antworten an und suchen Sie nach Möglichkeiten, den Wert für sie zu erhöhen, ohne den Preis zu senken, anstatt ihn zu ändern.

Mögliche Wege zur Wertsteigerung sind

- Verlängerung der Zahlungsfristen
- Gewährung von Extras im Gegenzug für niedrigere Preise
- Wenn die Budgets nicht wachsen, sollten Sie die Spezifikationen reduzieren.

Die Geheimnisse des Erfolgs

Was oft übersehen wird, aber für die Kunden von unschätzbarem Wert ist, ist die reine Bequemlichkeit, die mit der Geschäftsabwicklung mit Ihrem Unternehmen verbunden ist. Je einfacher es ist, mit Ihnen Geschäfte zu machen, desto wahrscheinlicher ist es, dass Sie sich die marginalen Gelegenheiten sichern, die sich jedes Jahr Dutzende Male ergeben.

Große Unternehmen wie Fluggesellschaften und Technologieunternehmen, die z. B.. Sharing-Apps entwickeln, haben dies mit der reinen Bequemlichkeit des Geschäftsverkehrs mit ihnen gemeistert. Indem sie auf eine Schaltfläche klicken, sich meine Daten merken und sie über mehrere Kommunikationsgeräte hinweg synchronisieren, machen sie es fast unmöglich, bei der Konkurrenz einzukaufen.

Vielleicht können Sie diese Art von Bequemlichkeit nicht bieten, aber Sie können den Wert Ihres Angebots leicht erhöhen, indem Sie berücksichtigen, was die Käufer am meisten schätzen. Was können Sie tun, um Handelshemmnisse zu beseitigen? Wie können Sie für sie eine Verbindung herstellen, wenn die Dinge kompliziert sind? Wie können Sie reagieren, wenn die Dinge nicht nach Plan verlaufen?

Wir arbeiten seit mehreren Jahren mit unserer jetzigen Druckerei zusammen und haben nicht die Absicht, sie in Zukunft zu wechseln. Die Möglichkeit, den Anbieter zu wechseln, ist immer gegeben, und ich bin zuversichtlich, dass viele dieser Alternativen attraktivere Preise bieten können. Der Grund, warum ich diesem Unternehmen so zugetan bin, ist, dass alles so einfach ist. Sie nehmen Bestellungen per Telefon entgegen, stellen 70. Tagesabrechnungen zur Verfügung und nehmen dann kleinere Änderungen ohne weitere Kosten vor, ohne die Druckvorlagendatei unter. abzulehnen. Sie nehmen Anrufe nachts und an Wochenenden entgegen und haben Berge erklommen, um unmögliche Fristen und schwierige logistische Anforderungen zu erfüllen. Aufgrund ihrer Bequemlichkeit sind sie unser Standardlieferant und jemand, den ich regelmäßig empfehle. Sie sind Partner in unserem Unternehmen, und wir werden für den Wert, den sie bringen, belohnt. Überprüfen Sie ihre Prozesse und sehen Sie, wie einfach sie es ihren Kunden machen. Sie können mehr Aufträge gewinnen, indem Sie einfach Hindernisse beseitigen und Flexibilität bieten.

4 Rs.

.Erfolg im Vertrieb erfordert enorme Selbstdisziplin, Eigenverantwortung für Wachstum, unnachgiebige Entschlossenheit und Toleranz gegenüber Rückschlägen. Die Forderung nach mehr, mehr, mehr kann schnell dazu führen, dass man in die Tretmühle gerät und immer härter arbeitet, ohne sich zu konzentrieren und Rücksicht auf seine Mitmenschen zu nehmen.

In einem früheren Abschnitt dieser Publikation haben wir über lohnende Tätigkeiten gesprochen und dabei die Bedeutung von Planung und Überprüfung erwähnt. Wenn man vor die Wahl gestellt wird, ob man es gut macht, besser macht oder sein Bestes gibt, sind sich die Menschen immer einig, dass sie ihr Bestes geben. Ich glaube jedoch, dass dieser Ansatz dazu führen kann, dass die Menschen ihr eigenes Potenzial zerstören, da es kaum eine Möglichkeit gibt, ihr Bestes zu geben oder nicht. Wenn wir uns also auf das "Bessere" statt auf das "Beste" konzentrieren, können wir die Elemente der Verbesserung entdecken und uns auf eine Reise der kontinuierlichen Selbstverbesserung begeben..

Um diesen Prozess in Gang zu setzen, nehme ich mir regelmäßig Zeit, um meine Handlungen zu planen und zu überprüfen (ich nenne es die "4R").

Teil 1 - Reflexion.

Nehmen Sie sich Zeit, um etwas Entspannendes für sich selbst zu tun. Setzen Sie sich an Ihren Lieblingsplatz, gehen Sie spazieren oder laufen, nehmen Sie eine entspannende Dusche oder ein Bad und denken Sie darüber nach, wie weit Sie gekommen sind. Blicken Sie auf den Beginn dieser Periode zurück und denken Sie an all das, was Sie erreicht haben. Schauen Sie nicht in die Zukunft, sondern verweilen

Sie in der Gegenwart, seien Sie freundlich zu sich selbst und genießen Sie den Rückblick auf das, was Sie bisher erreicht haben.

Teil 2 - Rückblick.

Wenn Sie sich entspannt haben, setzen Sie sich nun hin und bearbeiten Sie die Aufgaben, die Sie bereits erledigt haben. Machen Sie eine genaue Auflistung dessen, was bei Ihren kürzlich abgeschlossenen Terminen und Aktionen gut gelaufen ist. Vermeiden Sie Kritik und nennen Sie alle praktischen positiven Aspekte Ihrer bisherigen Handlungen. Es kann hilfreich sein, eine physische Liste aufzuschreiben und sich darauf zu konzentrieren, bis Sie alles, was Sie in Ihrem Protokoll festhalten wollen, erfolgreich abgearbeitet haben.

Teil 3 - Verfeinerung.

Jetzt ist es an der Zeit, nach Verbesserungen zu suchen. Zählen Sie nicht nur die Dinge auf, die Sie falsch gemacht haben, sondern betrachten Sie sie durch die Linse dessen, was Sie tun würden, wenn sich Ihnen die gleiche Gelegenheit noch einmal bieten würde. Es ist an der Zeit, ehrlich zu sich selbst zu sein und zu sehen, was man verbessern kann und welche Möglichkeiten man liegen gelassen hat. Anstatt sich selbst für die Fehler, die Sie gemacht haben, zu bestrafen, ist es ein freundlicherer, produktiverer Prozess, das "nächste Mal" zu handeln.

Teil 4 - Zeitplan.

Nach jeder Aktivität oder Maßnahme sollte es immer einen nächsten Schritt geben. Alle früheren Aktivitäten können wiederholt werden und sollten regelmäßig geplant werden. Viele der Interessenten und Kunden, die Sie gewonnen haben, müssen erneut kontaktiert werden, und Ihre Liste der Verbesserungen für das nächste Mal sollte sich auf konkrete, greifbare Ereignisse beziehen. Wenn Sie sich dafür entscheiden, Maßnahmen zu ergreifen und die Lektionen, die Sie gerade entdeckt haben, anzuwenden, bleiben Sie auf dem Laufenden und werden immer besser. Wenn Sie bestimmte Aktionen, Anrufe,

Sitzungen und andere Aufgaben planen, behalten Sie die Kontrolle, schützen Ihr Gedächtnis, beseitigen Ängste und konzentrieren sich auf Ihr Wachstum.

7

Überwindung der Unentschlossenheit

Ein Hauptaugenmerk des Verkaufs besteht darin, Menschen von einer "Nein"-Position zu überzeugen und positive Ergebnisse zu erzielen. Meiner persönlichen Erfahrung nach ist dies jedoch nicht der Fall. Ich glaube, dass Menschen, die "vielleicht" oder "vielleicht ein anderes Mal" denken, eine große Chance haben, im Verkauf erfolgreich zu sein.

Im Rahmen von Verkaufsaktivitäten wird es immer wieder Menschen geben, die sagen, dass sie sich sehr um ein Geschäft bemühen, aber nicht in der Lage sind, eine Entscheidung zu treffen. Sie können Einwände, Ausreden oder Gründe vorbringen, warum sie im Moment keine Geschäfte machen können. In allen Branchen, in denen ich gearbeitet habe, und bei allen Menschen, die ich geschult habe, lassen sich die Einwände, die sie vorbringen, in der Regel in eine der folgenden Kategorien einordnen

- zur Unzeit
- Ich muss mit jemandem darüber sprechen.
- Einkaufsbummel
- Zufrieden mit bestehenden Lieferanten
- Ich brauche Zeit zum Nachdenken
- Zu teuer

In diesem Kapitel wird untersucht, wie diese Unentschlossenheit vermieden, überwunden und verhandelt werden kann, was zu einer Umsatzsteigerung durch die Schaffung von Geschäftsmöglichkeiten führt.

Abstand zu einem Gegner halten

Fast jeder Einwand, mit dem Sie jemals konfrontiert wurden, hätte vermieden werden können, wenn Sie zu einem früheren Zeitpunkt im Verkaufsprozess gute Fragen gestellt hätten. Schauen Sie sich die häufigsten Einwände an und überlegen Sie, wie Sie sie vermeiden können, bevor Sie Ihre Lösung empfehlen. Wenn Sie immer wieder mit Einwänden konfrontiert werden, sollten Sie als Erstes eine Reihe von Fragen entwickeln, die Sie in der Qualifizierungsphase stellen können und die es Ihnen ermöglichen, die nötigen Beweise zu sammeln, um Einwände gänzlich zu vermeiden.

Das beste Beispiel dafür ist meine Erfahrung, als ich mit einem Verkaufsteam in der Möbelbranche arbeitete. Beim Verkauf von Möbeln sah ich mich mit mehreren Einwänden konfrontiert, von denen sich viele auf zwei der wichtigsten Gewinnfaktoren des Unternehmens bezogen: Erstens wurde verlangt, dass das Sofa so behandelt wird, dass es keine Flecken bekommt, wenn Wasser darauf verschüttet wird; zweitens wurde verlangt, dass das Sofa so gepolstert wird, dass es zu den Sofas und Fußhocker, die zu den Sofas passen.

Die am häufigsten geäußerten Einwände gegen diese beiden Produkte lauteten wie folgt

- Wir sind sehr vorsichtig und essen oder trinken nicht auf den
- Möbeln.

Kein Platz für eine Fußstütze.

Bei der Prüfung dieser beiden Gegenargumente wird schnell klar, dass es sich eher um Ausreden als um Fakten handelt, aber es ist sehr schwierig, dagegen zu argumentieren, ohne den Käufer als Lügner zu bezeichnen (obwohl wir wissen, dass Käufer nicht immer die Wahrheit sagen). Deshalb habe ich eine Reihe von Fragen entwickelt, die ich zu Beginn des Gesprächs stellen kann, bevor eine der beiden Optionen vorgestellt wird, und deren Antworten es dem Verbraucher fast unmöglich machen, diese typischen Ausreden zu äußern. Zum Beispiel: "Wer außer Ihnen benutzt diese Möbel noch?" gefolgt von einer Frage wie "Wie möchten Sie unterhalten?" gefolgt von. Nach der

Nennung der ersten Person, die das Möbelstück benutzen würde, gaben alle zu, dass sie Gäste haben. Ich schätze, niemand gibt zu, keine Freunde zu haben.

Sie könnten dann fragen: "Wollen Sie es in Ihr bestes Zimmer oder in ein Zimmer für den täglichen Gebrauch stellen?" Die Antwort auf diese Frage würde entweder bestätigen, dass das Sofa ausgiebig benutzt wurde oder dass es in einem neuwertigen Zustand gehalten werden muss. Dann: "Wie lange haben Sie Ihr bisheriges Sofa benutzt?" Die Frage. Unabhängig von der Antwort lautete die nächste Frage immer: "Möchten Sie, dass es genauso lange oder länger hält?" Das war es. Die Antwort war immer ja.

Damit hatten wir die Grundlage, um einen Stoffschutz zu empfehlen, aber es gab immer noch das Problem des Platzes für die Fußhocker. Wir fragten: "Wie groß ist denn das Zimmer?" und wir gehen direkt zur Sache mit der Frage "Wie groß ist das Zimmer?". Unabhängig von der

Antwort: "Wow, das ist ein ziemlich großer Raum". Und es war nicht ungewöhnlich, dass wir den Grundriss zeichneten und den Raum nach dieser Zeichnung gestalteten. Dann sahen wir uns die Skizzen an und stellten Fragen zu Sitzgelegenheiten für Besucher und Stauraum, die später die Grundlage für die Empfehlung von Fußhockern bildeten.

Dadurch war ich in der Lage, zusätzliche Produkte zu empfehlen, wenn sie es für richtig hielten, nicht ich. Sie sagten XYZ, also werde ich ABC empfehlen", und das Wissen aus dem vorangegangenen Gespräch bildete den Rahmen für die Einführung zusätzlicher Produkte wie Gewebeschutz und Trittleitern.

Das Verfahren hat die Konversionsraten fast verdoppelt, und das Prinzip wurde von Unternehmen weltweit mit spektakulären Ergebnissen übernommen.

Anstatt die "Ja"-Option zu betonen, ist es besser, Fragen zu stellen, die die "Nein"-Option aufschlüsseln. Erkennen Sie echte Chancen und empfehlen Sie nur die richtigen Chancen den richtigen Personen und aus den richtigen Gründen.

Beim Verkaufen geht es darum, sich das Recht zu verdienen, eine Empfehlung auszusprechen, und die Zeit, die Sie in die Erlangung dieses Rechts investieren, sorgt dafür, dass Ihre Empfehlung mit mehr Autorität und Glaubwürdigkeit aufgenommen wird.

Antwort auf die Einwände.

Alle Einwände sollten wirklich als Einwände behandelt werden, und Sie sollten die persönliche Verantwortung für sie übernehmen, da die Tatsache, dass sie Einwände haben, bedeuten kann, dass sie die falsche Seite erwischt haben. Im Laufe der Jahre habe ich ein einfaches System entwickelt, das als Rahmen für die Überwindung aller Einwände dient.

1. **Klären Sie Einwände - denken Sie daran, dass es** wichtig ist, die Kontrolle über den Prozess zu behalten, um im Verkauf erfolgreich zu sein. In dem Moment, in dem der Kunde einen Einwand erhebt, stellen Sie diese Kontrolle in Frage und können leicht wechseln. Denken Sie an das Gesprächsszenario.

   Fragen, wer die Kontrolle hat. Wenn Sie also jeden Einwand als Frage behandeln und versuchen, die Kontrolle wiederzuerlangen, indem Sie weitere Fragen stellen, können Sie sich dem eigentlichen Einwand nähern. Die ideale Frage besteht darin, die Person dazu zu bringen, den Einwand näher zu erläutern. Ein universelles Beispiel und meine Standardantwort ist:" Warum glauben Sie das?"

2. **Einigen Sie sich und entschuldigen Sie sich - da ein** Gegenargument als Meinungsverschiedenheit angesehen wird, kann ein Einverständnis und eine Entschuldigung für ein Gegenargument das Problem leicht lösen und eine besonnene Position vermitteln. Auf diese Weise haben Sie eine Plattform, auf die Sie reagieren können, und Sie bekämpfen nicht Feuer mit Feuer. Wenn jemand Einwände erhebt, weil er Ihre Preise für zu teuer hält, können Sie sagen: "Da stimme ich Ihnen völlig zu. Wenn ich etwas kaufen will, suche ich auch nach dem bestmöglichen Preis. Es tut mir wirklich leid, dass ich mich offensichtlich nicht richtig ausgedrückt habe." Sie können sagen.

3. **Prüfen Sie, ob dies die einzige Sorge ist - fragen Sie**, ob **dies** der einzige Faktor ist, **der Fortschritte** verhindert. Wenn die andere Partei zustimmt, gibt es nur noch einen Einwand, der zu überwinden ist. Wenn Sie diesen Schritt versäumen, kann es zu einem Tennisspiel werden, bei dem die andere Partei einen Einwand nach dem anderen vorbringt, den es zu überwinden gilt.

4. **Nehmen Sie es positiv** - akzeptieren Sie die Tatsache, dass man Ihnen nicht zustimmt, als Beweis dafür, dass man an Ihrer Arbeit interessiert ist, und nicht dafür, dass man kein Interesse hat. Das wird sich sehr positiv auf Ihre Einstellung auswirken.

5. **Reagieren Sie positiv - Wenn** jemand Sie herausfordert, ist es sehr leicht, sich auf das zu konzentrieren, was Sie nicht tun können. Konzentrieren Sie sich stattdessen auf das, was Sie tun können. Wenn der Einwand auf dem Preis beruht, erklären Sie einfach, was Sie mit diesem Budget machen können.

6. **Zusammenfassender Abschluss - Nachdem** Sie erklärt haben, was Sie tun können, ist der sicherste Abschluss im Umgang mit Unentschlossenheit ein zusammenfassender Abschluss. Das sicherste Mittel zum Abschluss ist ein zusammenfassender Abschluss. Teilen Sie die Entscheidung in fünf bis zehn kleinere Entscheidungen auf und stellen Sie direkte Fragen, die mit Ja beantwortet werden. . Wenn Sie jede Frage mit "Ja" beantworten, wissen Sie, dass Sie mit allem einverstanden sind, was an dieser Stelle steht.

Verhandeln Sie wie ein Profi.

Das Geschäft ist einfach, aber nicht leicht. In der Regel sind es die letzten 10 % des Prozesses, die den großen Unterschied zum Durchschnitt ausmachen, und das ist oft der Punkt, an dem viele Leute aufgeben. Die Fähigkeit, effektiv zu verhandeln, wenn die Dinge nicht so laufen, wie Sie es sich wünschen, wird erheblich zu Ihrem Erfolg beitragen und ihn unendlich lohnender machen. Befolgen Sie diese neun Grundsätze, um ein meisterhafter Verhandlungsführer zu werden und die Zahl der Menschen zu erhöhen, die mit Ihrer Denkweise übereinstimmen.

1. Das **Argument endet mit einem Verlierer - niemand** will ein Verlierer sein. Die Herausforderung bei Argumenten im Vertrieb besteht darin, dass, wenn Sie der Gewinner sind, Ihre Interessenten die Verlierer sind. Vermeiden Sie niemals Argumente.

2. respektieren Sie die Meinung der anderen Person - Sie sind **jetzt** Sie müssen nicht mit ihnen übereinstimmen, aber sie haben ein Recht auf ihre eigene Meinung. Versuchen Sie, die Gründe für ihre Argumente zu verstehen und zu würdigen.

3. **Geben Sie zu, dass Sie sich irren - Wenn Sie zugeben, was** Sie nicht wissen und was Sie wissen, dass es falsch ist, kann das dem, was Sie wissen, mehr Gewicht verleihen.

4. Stellen Sie eine Reihe einfacher Fragen, die mit "Ja" beantwortet werden können, um den potenziellen Kunden auf Ihren Standpunkt aufmerksam zu machen. Wenn der Interessent diese Fragen mit "Ja" beantwortet, wird es ihm leichter fallen, weiterhin "Ja" zu sagen.

5. **Weniger reden - die** Hauptursache für Missverständnisse und mangelnde Kommunikation ist das Nicht-Zuhören.

6. **Lassen Sie sie glauben, dass es Ihre Idee ist - stellen Sie** Ihre Idee als Frage und nicht als Aussage **vor.** Auf diese Weise kann sich der Interessent Ihren Standpunkt zu eigen machen.

7. **Versetzen Sie sich in die Lage der anderen Person - dies mag** schwierig erscheinen, aber es ist wichtig, bei Verhandlungen Einfühlungsvermögen zu zeigen. Indem Sie sich in die Lage der anderen Partei versetzen, können Sie verstehen, warum sie so denkt, wie sie denkt. Dieser Blickwinkel kann die Substanz der Verhandlung verbessern.

8. **Dramatisieren Sie Ihre Ideen - egal, ob Sie** ein Produkt, eine Dienstleistung oder eine Idee verkaufen, Enthusiasmus ist überzeugend. Wenn Sie Ihre Ansichten mit mehr Charisma

vermitteln, ist die Wahrscheinlichkeit größer, dass die Menschen Ihren Ideen zustimmen.

9. **Stellen Sie eine Herausforderung - stellen Sie** am Ende einer Verhandlung **immer** eine Herausforderung oder ein Ultimatum. Ein gutes Beispiel ist: "Also, wenn wir das heute erledigen können, können wir den Auftrag jetzt bestätigen?" Das wird es sein.

Verhandlungsgeschick kommt mit der Übung. Um zu üben, müssen Sie zunächst einmal mutig verhandeln, ohne Ergebnisse zu erwarten und ohne Angst vor Verlusten. Geben Sie nicht leicht auf und glauben Sie an sich selbst. Um eine Verhandlung zu gewinnen, braucht man im Allgemeinen sowohl Geschick als auch Selbstvertrauen.

Haltbarkeit

Zu Beginn dieses Buches wurden Sie aufgefordert, über Ihren perfekten oder idealen Kunden nachzudenken. Diese perfekten Gelegenheiten und. als. auch die nicht so perfekten Menschen, die Sie ignoriert oder abgelehnt haben, oder die versprochen haben zu handeln und es nicht getan haben, sind für Sie und Ihr Unternehmen immer noch von Wert. Es ist leicht, einen ausbleibenden Verkaufserfolg sehr persönlich zu nehmen, sich durch einen Misserfolg verletzt zu fühlen oder diese Ablehnung als eine Entscheidung für die Ewigkeit zu interpretieren und nie wieder darauf zurückzukommen.

Als Verbraucher sind Sie sich bewusst, dass sich Ihre Situation ständig ändert. Was heute für einen potenziellen Kunden als "schlechtes Timing" erscheint, kann sich morgen aufgrund verschiedener interner und externer Faktoren als "gutes Timing" herausstellen. Mit diesem Wissen liegt es in Ihrer Verantwortung, Ihre potenziellen Kunden nie zu vergessen und alles zu tun, um sicherzustellen, dass Sie ihnen im Gedächtnis bleiben, wenn sich die Gelegenheit bietet.

Erstellen Sie eine Liste von NNTs (No Not Todays) und halten Sie den Kontakt zu ihnen aufrecht, damit sie als erstes an Sie denken, wenn sich etwas ändert. Dazu gehört, dass Sie auf folgende Weise mit ihnen in Kontakt bleiben

- Regelmäßige E-Mails. E-Mails und Newsletters
- Zu sozialen Netzwerken hinzufügen
- Ich bin vorbeigekommen, um Hallo zu sagen.
- den Hörer abnehmen

Das Ziel ist es, sie wissen zu lassen, dass Sie an sie denken, ohne aufdringlich zu sein.

Konzentrieren wir uns darauf, den Anruf zu tätigen. Ein guter Freund und früherer Mentor von mir hat eine großartige Geschichte über Hartnäckigkeit zu erzählen und darüber, wie diese Hartnäckigkeit ihm half, den größten Ausbildungsvertrag zu erhalten, den er je abgeschlossen hat und der ihm und seiner Familie einen erstaunlichen Lebensstil ermöglichte. Er rief seinen Traumkunden 18 Monate lang jede Woche zur gleichen Zeit an, war aber nicht in der Lage, seinen persönlichen Assistenten loszuwerden. Er gab jedoch nie auf, sein Ziel zu erreichen, rief immer wieder an, und nachdem er eine gute Beziehung zu seiner Assistentin aufgebaut hatte, wurde er schließlich mit dem Eigentümer verbunden und bekam einen Termin. Das Ergebnis war ein Vertrag, der revolutionäre Veränderungen für sein Unternehmen mit sich brachte. Zweifellos war es die Mühe wert. Mein Rat ist: Nie, nie, nie, nie, nie aufgeben! ist.

Der Advokat des Teufels.

Es kommt regelmäßig vor, dass ein konzeptionelles Interesse an einem Produkt oder einer Dienstleistung geweckt wird, dem aber keine konkrete Aufforderung zum Kauf folgt.

Als ich in der Immobilienbranche tätig war, entwickelten wir ein fantastisches langfristiges Anlageprodukt. Das Modell bestand darin, eine Eigentumsimmobilie in der Sonne zu besitzen, die für den persönlichen Gebrauch genutzt werden konnte. Das Produkt hatte eine prognostizierte Rendite von 1.000 Prozent über einen Zeitraum von 15 Jahren (.) und würde auch danach noch Erträge liefern. Das Konzept und die Möglichkeit waren für fast jeden, den ich traf, interessant, und die Nachfrage nach weiteren Informationen war überwältigend. e. E-Mails wurden verschickt, Treffen organisiert, Broschüren verschickt, und das alles mit minimalen Rückmeldungen.

Es musste sich etwas ändern. Die eigentliche Herausforderung bestand darin, genügend potenzielle Kunden anzuziehen, die bestimmte Immobilien in bestimmten Entwicklungsgebieten zu bestimmten Preisen kaufen wollten. Ohne dies würde ich die Kontrolle verlieren und die ganze Sache würde in der Schwebe bleiben.

Als ich ein Kind war, tauchte ich mit meinem Bruder und meiner Schwester in eine Fantasiewelt ein und blätterte im Katalog meiner Mutter. Und wir konnten uns schnell für ein Haus entscheiden, in dem wir gerne wohnen würden. Aus dieser seltsamen Logik heraus habe ich eine Abschlusstechnik entwickelt, die ich "Teufels Advokat"-Abschluss genannt habe.

Jedes Mal, wenn das Interesse eines potenziellen Kunden geweckt wurde, wurde ein hypothetisches Szenario entworfen, das mit dem Satz eingeleitet wurde: "Lassen Sie uns den Teufel ein wenig beweisen." Daraus wird dann die Schlussfolgerung gezogen: "Wenn ich investieren würde, würde ich es in diese Immobilie tun?" Sobald wir diesen Punkt erreicht hatten, konnten wir viele weitere Gespräche in der realen. Welt führen, echte Informationen präsentieren und das Interesse an dem Konzept regelmäßig mit tatsächlichen Käufen verknüpfen.

Kann das Stellen hypothetischer Fragen Ihnen helfen, die Informationen zu erhalten, die Sie benötigen, um mehr Verkäufe zu tätigen?

8

Schutz Ihrer Investition

Den Kundenstamm zu erweitern, mehr Aufträge zu erhalten und die Konkurrenz auszustechen, ist nur ein Teil der Aufgabe. Es geht darum, langfristig zu denken und den richtigen Wartungsplan für alles zu haben, in das Sie investieren.

Betrachten Sie Ihre Kunden, Botschafter und potenziellen Kunden wie Geldautomaten, und wenn sie richtig gepflegt werden, können Sie so viel Geld drucken, wie Sie brauchen, wenn Sie es brauchen. Schützen Sie Ihre Investition, indem Sie die richtigen Instrumente einsetzen, um Ihrer Gemeinschaft zu dienen und ihr zu zeigen, dass sie Ihnen am Herzen liegt. Wenn Sie sich nur auf neue Kunden konzentrieren, machen Sie sich angreifbar und behindern das langfristige Wachstum. Das liegt daran, dass Sie Kunden verlieren, sobald Sie sie gewinnen. Um noch einmal auf Beziehungen und Verabredungen zurückzukommen: Kunden brauchen ständige Aufmerksamkeit und müssen das Gefühl haben, dass Sie sich um sie kümmern. Stellen Sie also sicher, dass Sie Ihre Kunden durch regelmäßige Kontaktpunkte an sich binden.

Große Unternehmen können große Teams für das Kundenmanagement und die Kundenbindung zusammenstellen. In der heutigen Welt gibt es eine Fülle von Kommunikationskanälen, und selbst bei begrenzten Ressourcen können die richtigen Tools an den richtigen Stellen dazu beitragen, die Kunden zu binden.

Dieses Kapitel erhebt keinen Anspruch auf Vollständigkeit, sondern konzentriert sich auf einige der Tools für die Kundenverwaltung, die ich meinen Kunden zur Verfügung stelle und die für den Aufbau und die Verwaltung einer Gemeinschaft von Kontakten unerlässlich sind und sie dazu ermutigen, sich kontinuierlich umzusehen. Viele dieser Tools werden ständig weiterentwickelt und verändert, so dass es eine große Auswahl gibt. Denken Sie daran, dass dies ein Buch über Verkaufstechniken ist, kein Marketinghandbuch! Um das Potenzial dieser Kommunikationskanäle voll auszuschöpfen, sollten Sie vielleicht auch andere spezialisierte Ressourcen in Betracht ziehen.

Betrachten Sie jedoch die Grundsätze, die hinter jedem der genannten Kanäle stehen, und wie sie dazu beitragen können, Ihren Verkaufserfolg zu steigern.

Datenbank

Es steht außer Frage, dass eine gute Datenbank der Dreh- und Angelpunkt jeder guten Kundenverwaltung ist. Die Datenbank sollte alle relevanten Kontaktinformationen aller Kunden, Lieferanten und potenziellen Kunden enthalten. Sie sollte auch den vergangenen finanziellen Wert und den zukünftigen Wert des Unternehmens aufzeigen. Zu jeder Person in der Datenbank sollten Sie einen aktuellen biografischen Eintrag führen, damit andere Ihre Beziehungen verstehen und nützliche Fakten speichern können. Jeder Datensatz sollte eine Zeitleiste mit Kontakten und Korrespondenz enthalten, damit Sie immer an wichtige Informationen erinnert werden. Die Möglichkeit, Pläne und Erinnerungen zu erstellen, verhindert außerdem, dass man ein perfektes Gedächtnis braucht.

Vor einem Jahrzehnt erforderten Systeme, die diese Dienstleistung erbringen, erhebliche Investitionen, und die KMU waren auf Tabellenkalkulationen, Terminkalender und Kundendateien angewiesen. Dank des technologischen Fortschritts ist es heute jedoch möglich, ohne weitere Kosten auf Software zuzugreifen, die diesen Rahmen bietet. Geben Sie in eine Suchmaschine "CRM-System für Unternehmen" ein, und Sie werden eine überraschende Anzahl von Optionen finden.

Vorbeikommen

Zeit mit Ihren wichtigsten Kontakten zu verbringen, kann ein wirksames Mittel sein, um Kunden daran zu erinnern, bei Ihnen einzukaufen. Dies kann durch persönliche Treffen erreicht werden, wenn Sie in der Nähe des Kunden sind. Jedes Mal, wenn Sie einen potenziellen Kunden treffen, manchmal unangekündigt, manchmal kurzfristig oder bei einem geplanten Treffen, haben Sie die Möglichkeit, den Verkauf zu beeinflussen. Wenn Sie mit bestehenden Kunden zusammentreffen, ist dies eine Chance, die Beziehung weiter zu vertiefen und neue Bereiche zu entdecken, in denen Sie sich gegenseitig helfen können. Wenn Sie sich mit einem Geschäftspartner treffen, ist dies auch eine Chance, Kontaktdaten und Möglichkeiten für die weitere Geschäftsentwicklung auszutauschen. Planen Sie künftige Treffen mit Kunden und potenziellen Kunden und legen Sie für jeden Kontakt Mindesterwartungen fest. Ein wichtiger Grund für die Trennung von einem Geschäftspartner ist, dass er sich nicht gewürdigt fühlt. Persönliche Treffen sind ein guter Weg, um zu zeigen, dass man sich kümmert. Bleiben Sie auch in Bezug auf künftige Reisepläne in Kontakt mit ihnen und kontaktieren Sie sie, wenn Sie wissen, dass Sie in der Gegend sind.

Über das Telefon.

Es ist bereits erwiesen, dass Telefonate ein Katalysator sind, der Dinge in Gang bringt. Vergessen Sie auch Ihre bestehenden Kunden nicht und rufen Sie sie regelmäßig an, um über Fortschritte und zukünftige Pläne zu sprechen. Bei dieser Gelegenheit können Sie sich nach der Zufriedenheit mit der bisher geleisteten Arbeit erkundigen und erfahren, welche Pläne sie haben und was Sie für sie tun können. Regelmäßige Telefonate können unangekündigt oder geplant erfolgen. Ein regelmäßiger Kontakt mit wichtigen Geschäftspartnern gewährleistet, dass Sie immer im Gespräch sind und als wichtiger Teil des Teams angesehen werden. Denken Sie daran, wie leicht es ist, Zeit zu verlieren, wenn Sie auf Geschäftsreise oder unterwegs sind. Bereiten Sie eine Anrufliste vor, mit der Sie einen Zeitraum mit geringem Gewinn in eine gewinnbringende Verkaufsaktivität verwandeln können, indem Sie mit Ihrem Kundenstamm in Kontakt treten und weitere Möglichkeiten schaffen.

Newsletter.

.Der regelmäßige Versand von gedruckten Newslettern an bestehende Kunden ist eine gute Möglichkeit, Kunden zu binden und das Geschäft mit Ihnen aufrechtzuerhalten, und kann sicherstellen, dass Sie im Gedächtnis bleiben. Die Frage, wie oft man einen Newsletter veröffentlichen sollte, bleibt unbeantwortet. Meiner Meinung nach sollte die Frequenz konstant sein, und Sie sollten so oft schreiben, wie Sie etwas zu sagen haben. Als Printpublikation sollte er leicht zu lesen und bildreich sein. Sie sollte leichte Unterhaltung bieten und berücksichtigen, dass sie als Abwechslung zum Alltag gelesen wird. Physische Postsendungen werden immer seltener, so dass es eine gute Möglichkeit ist, den Kunden auf diese Weise etwas Wertvolles zukommen zu lassen, um Informationen weiterzugeben und die Gelegenheit zu nutzen.

E-Newsletter.

Der größte Unterschied zwischen einem E-Newsletter und einem Newsletter auf Papier (.) besteht darin, dass nur sehr wenige Menschen einen Newsletter lesen, geschweige denn öffnen. Stellen Sie daher sicher, dass Sie Ihre E-Newsletter jedes Quartal zur gleichen Zeit verschicken, damit die Menschen erwarten, dass sie sie erhalten. Bieten Sie ihnen einen Mehrwert und liefern Sie nur Informationen, die für sie nützlich sind. .Die Posteingänge sind voll von E-Mails schlechter Qualität (.), also brauchen Sie etwas Vernünftiges, um das Rauschen herauszufiltern. e. Newsletter ist der "Fanghandschuh" für alle Ihre Kontakte, für alle, mit denen Sie jemals Kontakt hatten und denen Sie erlaubt haben, mit Ihnen in Verbindung zu bleiben. Er ist das einzige Stück, das Sie allen zukommen lassen können, die Sie jemals kontaktiert haben und denen Sie erlaubt haben, mit Ihnen in Kontakt zu bleiben.

Behandeln Sie sie als solche und machen Sie sie nur zu etwas, zu dem Sie sich verpflichten können und auf das Sie stolz sind.

Blog

Er ist ein hervorragendes Instrument, um sich als Experte in Ihrer Branche zu positionieren. Idealerweise sollte ein Blog mit Ihrer Website verlinkt sein, so dass Sie regelmäßig Ihre Gedanken, Ideen und Meinungen veröffentlichen können, was für Ihre Gesprächspartner interessant ist. Mit einem Blog können Sie hervorragende Informationen weitergeben, die es Ihrer Zielgruppe erleichtern, Sie zu finden, und die Sie mit Ihren bestehenden Kunden teilen. Die Verlinkung auf Artikel in Ihrem Newsletter kann den Verkehr auf Ihrer Website erhöhen.

Blog-Inhalte sollten damit beginnen, die am häufigsten gestellten Fragen in Ihrer Branche zu untersuchen und gut geschriebene Antworten darauf zu verfassen. Diese Inhalte können von Ihnen und anderen bei Bedarf weitergegeben werden. Sie dienen als Ressource für Ihre Effizienz und verleihen Ihrer Beratung für potenzielle und bestehende Kunden mehr Glaubwürdigkeit.

Facebook-Präsenz.

Facebook ist heute die weltweit größte Online-Gemeinschaft, die in den meisten Märkten die Aufmerksamkeit der englischsprachigen Verbraucher auf sich zieht ..

Seiten können ein Instrument sein, um Glaubwürdigkeit aufzubauen und mit Fans zu kommunizieren, während Facebook-Gruppen ein effektiver Weg sein können, um mit Kunden in Verbindung zu bleiben, die dieselben Erfahrungen teilen. Persönliche Profile sollten nur persönlich sein. Nutzen Sie außerdem Ihre Zeit optimal, indem Sie Support-Gruppen für wichtige Produkte erstellen.

Eine der größten Frustrationen, mit denen ich auf einer Plattform wie Facebook konfrontiert bin, ist die sich ständig verändernde Landschaft für funktionierende Strategien. Man muss sich darüber im Klaren sein, dass das, was heute funktioniert, morgen vielleicht nicht mehr so gut funktioniert, und das ist immer der Fall. Um einen Mindestleistungsstandard für Beiträge und Engagement zu schaffen, können Sie dann mit den bezahlten Werbeoptionen und anderen Strategien experimentieren, um Ihre Zielgruppen und Botschaften genauer zu definieren. Testen Sie beim Experimentieren, was funktioniert, und stellen Sie sicher, dass Sie Ihre Energie und Ressourcen nur in das investieren, was Ihnen Ergebnisse bringt.

Twitter-Konto

Stellen Sie sich Twitter als den belebtesten Bahnhof zur Hauptverkehrszeit vor, den es je gab.. Überall finden Gespräche statt, man weiß nicht, was man sagen oder wem man zuhören soll, aber zweifellos wird es einige interessante Gespräche geben.

Twitter ist sehr nützlich, um anderen zuzuhören und sich an Gesprächen zu beteiligen, anstatt zu versuchen, selbst etwas Tiefgründiges zu sagen. Folgen Sie allen Ihren wichtigsten Kunden und achten Sie auf deren Beiträge. Retweeten Sie ihre Beiträge und beteiligen Sie sich an ihren Diskussionen, um sie auf Ihre Präsenz aufmerksam zu machen.

Wenn Sie Ihre Kunden darüber aufklären, wie sie das #-Symbol verwenden, wenn sie Informationen gruppieren, können Sie ihnen helfen, effektiv und einfach in Gruppen zu kommunizieren. Wir werden die Gespräche über diese Veröffentlichung unter #exactlyhowtosell verfolgen, also suchen Sie bitte auf Twitter danach.

LinkedIn-Konto

Die Verbindung mit all Ihren bestehenden Kunden auf LinkedIn bietet erhebliche Vorteile. Zum einen können Sie aus den detaillierten persönlichen Profilen viel über sie erfahren, und zum anderen haben Sie die Möglichkeit, direkt mit ihnen in Kontakt zu treten. LinkedIn-E-Mails. haben oft eine höhere Öffnungsrate als reguläre Massen-E-Mails. , so dass sie Ihre Aufmerksamkeit effektiver erregen können. Es kann auch ein guter Weg sein, um Ihre Aufmerksamkeit zu gewinnen. Ein weiterer Vorteil ist, dass Sie Ihren Kontakt bei einem Stellenwechsel als Einzelperson und nicht über das Unternehmen kontaktieren können. Das macht es einfacher, sie wieder zu kontaktieren, wenn sie eine neue Aufgabe übernehmen.

Ein weiteres Tool auf LinkedIn ist die Möglichkeit, Gruppen zu erstellen. Indem Sie Gruppen für Ihre Kunden erstellen, können Sie auch eine weitere Möglichkeit der Kommunikation nutzen, eine Gemeinschaft für sie rund um Ihr Fachgebiet schaffen und einen großen Mehrwert als Führungskraft in diesem Bereich bieten.

Website.

Websites sind ein hervorragendes Instrument zur Verwaltung Ihrer bestehenden Kunden - jedes Mal, wenn Sie jemanden auf Ihre Website bringen, haben Sie die Möglichkeit, zusätzliche Produkte und Dienstleistungen vorzustellen. Wenn Sie Ihren Kunden Ressourcen anbieten, können Sie diese über Ihre Website zugänglich machen und zusätzliche Angebote und Produkte vorstellen, bis sie die gesuchten Ressourcen erreichen. Soziale Medien und E-Mail-Kampagnen (.) können den Verkehr zurück auf Ihre Website leiten, und ein gut platziertes Angebot (.) wird zu Ergebnissen führen. Kampagnen können auch bestehende Kunden auf Ihre Website führen.

Empfang.

Große Unternehmen wissen, wie wichtig es ist, die besten Kunden anzuziehen und ein hohes Niveau an Gastfreundschaftsszenarien zu schaffen. Kunden anzulocken und ihren Wert zu demonstrieren ist ein bewährtes Mittel, um die Kundenbindung zu erhöhen. Neue Produkteinführungen, saisonale Veranstaltungen, Feierlichkeiten und Büroumzüge können als Vorwand genutzt werden, um Kunden anzuziehen. Bestehende Kunden können als VIPs eingeladen werden, und Veranstaltungen können noch erfolgreicher gestaltet werden, indem man sie einlädt, Freunde mitzubringen, die zu zukünftigen Kunden werden könnten. Dokumentieren Sie diese Veranstaltungen mit Videos und Fotos, stellen Sie sie in den digitalen Medien zur

Verfügung und fordern Sie die Teilnehmer auf, dasselbe zu tun, um eine maximale Rendite zu erzielen.

Schreiben

Der Schwerpunkt liegt hier auf den Schreiben, die Sie bereits an Ihre Kunden senden (Kontoauszüge, Mahnungen, Rechnungen usw.). Jeder dieser Briefe bietet eine Verkaufschance, und alle ausgehenden Mitteilungen können neben dem Hauptziel auch zusätzliche Botschaften vermitteln. Bedenken Sie den Mehrwert, den Sie aus allen Mailinglisten ziehen können, indem Sie eine kleine Nachricht hinzufügen oder sekundäre Mitteilungen einbeziehen. Jede Kommunikation bietet eine kommerzielle Verkaufschance, und es liegt an Ihnen, sie zu nutzen.

E-Mail-Verteilung.

e. Im Gegensatz zu Newslettern soll dieser Beitrag eine Reaktion oder Handlung des Lesers hervorrufen. e. E-Mail-Kampagnen können überraschend effektiv sein, wenn einige einfache Regeln befolgt werden.

- Sie haben die Erlaubnis zum Versenden und der Empfänger hat sich für den Erhalt von Werbe-E-Mails. von Ihnen entschieden.

- Ihr Angebot ist zielgerichtet und relevant für den Empfänger und kein allgemeiner Ansatz.

Sind die richtigen Kunden erst einmal gefunden, gibt es eine Reihe von Hindernissen zu überwinden.

Hindernis Nr. 1: Die Eröffnung des Angebots.

e. Es ist eine Herausforderung, eine E-Mail zu öffnen. Es hängt von einer überzeugenden Betreffzeile und einer zuverlässigen Absenderadresse ab. Wie bei Zeitungen gilt: Je besser die Überschrift, desto höher die Öffnungsrate. Die Betreffzeilen sollten so gestaltet sein, dass sie die Menschen zum Öffnen von e. E-Mails bewegen und nicht den Inhalt von e. E-Mails kennzeichnen.

Der effektivste Weg, die Öffnungsrate zu erhöhen, ist Neugier und Interesse. .Wenn Sie das Interesse der Empfänger am Inhalt Ihrer E-Mails wecken, werden sie diese auch eher öffnen. Schauen Sie sich die Betreffzeilen, die in Ihrem Posteingang ankommen, genau an und versuchen Sie, sich von interessanten Betreffzeilen beeinflussen zu lassen.

Hindernis Nr. 2: Menschen dazu bringen, das Angebot zu lesen.

e. Wenn eine E-Mail geöffnet wird, entscheidet der Leser reflexartig, ob er sie lesen will. Der einleitende Satz sollte den Leser fesseln und ihn ermutigen, den Rest der Nachricht zu lesen. Zwischenüberschriften können den Leser leiten und das Lesen vereinfachen.

Hindernis Nr. 3: Menschen dazu bringen, Maßnahmen zu ergreifen.

Damit Ihr Angebot gelesen wird, ist es wichtig, dass die Aufforderung zum Handeln klar, deutlich und wiederholt ist. Die Handlungsaufforderung an den Leser sollte so einfach wie möglich sein und in klaren und einfachen Schritten erfolgen. Verwirrung in dieser Phase führt zu keiner Aktion und keinem Verkauf. Eine zwei- oder dreimalige Wiederholung des Aufrufs zum Handeln kann die Klickrate deutlich erhöhen (.). Ein weiterer Bereich, in dem Handlungsaufrufe wiederholt werden können, ist das Nachwort.

Bereitstellung von Direktwerbung

Die Direktwerbung hat in vielen Branchen an Bedeutung verloren, aber ich glaube, solange Sie ein Haus mit einem Briefkasten haben, wird die Direktwerbung in Ihrer Kommunikationskette präsent sein. Da digitales Marketing immer mehr zum Mainstream wird, können Direct-Response-Mailings die neue Option sein. Der Schlüssel zum

Erfolg liegt in der Ausführung, und Personalisierung, Kreativität und Authentizität können in diesem Bereich funktionieren.

Aufgrund des Erfolgs handgeschriebener Karten arbeite ich oft mit Kunden zusammen, um gezielte und sehr personalisierte Direktmailing-Kampagnen mit geringem Umfang zu erstellen. Bei einem kürzlich von mir durchgeführten Test wurde die Anzahl der Anfragen mit einem sehr einfachen Split-Test (.) gemessen. Eine gedruckte Einladung zu einer Veranstaltung wurde an 100 Bestandskunden des Kunden verschickt; 50 wurden mit einem allgemeinen Anschreiben verschickt und es ging keine einzige Anfrage ein. Die restlichen 50 wurden auf Postkarten (.) versandt, auf die eine kurze Botschaft geschrieben und vor dem Versand auf ein Flugblatt geklebt wurde. Von den 50 Einladungen gingen acht Anfragen ein.

. Überlegen Sie, wie Sie eine zielgerichtete und personalisierte Direktmailing-Kampagne mit geringem Umfang aufbauen können, die bei den richtigen Personen eine große Wirkung erzielt und Ihre bestehenden Kunden zum Handeln anregt.

Geschenk

Unternehmensgeschenke gibt es schon seit Jahren, und der Geschenkemarkt ist ein riesiger Wirtschaftszweig. Dennoch erlebe ich immer wieder, dass gut gemeinte Werbegeschenke, die dem Kunden wenig Wert bieten, nicht erfolgreich sind und sich nicht rentieren. Notizbücher, Kalender, Mauspads, Handyhalter, billige Stifte und Stressbälle sind alles Geschenke, die ich erhalten habe und die ohne einen zweiten Gedanken über meinen Schreibtisch gegangen sind.

Überlegen Sie sich Geschenke, die für Sie einen Mehrwert darstellen und für Ihre Kunden von echtem Wert sind. Berücksichtigen Sie ihre Hobbys, ihren Lebensstil und ihre Interessen und machen Sie sie persönlich.

Für mich funktioniert es sehr gut, tolle Bücher, die ich gelesen habe, zu verschenken. Wenn ich ein Buch lese, von dem ich glaube, dass es für jemanden in meinem Netzwerk wertvoll ist, kaufe ich oft ein Exemplar für ihn und schicke es ihm mit meinen Komplimenten.

Der Zweck eines Geschenks ist es, zu zeigen, dass Sie sich um die Person kümmern und dass es für sie von echtem Wert ist.

Zurückdrängen.

Alle Unternehmensleiter und Entscheidungsträger lieben Anerkennung. Egal, ob es sich um ein einfaches Dankeschön oder eine üppige Auszeichnung handelt, wenn sie aufrichtig ausgesprochen wird, kann sie eine großartige Möglichkeit sein, den Wert für Ihre Kunden zu erhöhen. Dankbarkeit ist zwar das absolute Minimum, aber es gibt viele Möglichkeiten, noch einen draufzusetzen und aufmerksamer zu sein. So kann Ihr Kunde zum Beispiel einen Branchenpreis gewinnen, in der Presse erwähnt werden oder ein wichtiges Lebensereignis erleben. Wenn dies der Fall ist, sollten Sie seine Leistungen feiern und ihm die Hand reichen. Lassen Sie ihn wissen, dass auch Sie seinen Erfolg feiern, indem Sie ihm eine Karte, einen Zeitungsausschnitt oder ein Dankesschreiben schicken.

Verfolgen Sie die persönliche und berufliche Kommunikation Ihrer Kunden und suchen Sie proaktiv nach Gelegenheiten, ihren Erfolg zu würdigen.

Urkunden und Auszeichnungen

Wie können Sie Ihre Beziehungen zu Kunden nachweisen? Ob es sich um eine Produktgarantie, einen Treuebeweis, die Teilnahme an Schulungen oder Veranstaltungen handelt, der Name Ihres Kunden auf einem Stück Papier mit Ihrem Logo, das eingerahmt und ausgestellt werden kann, unterstreicht den Wert, den er von Ihnen erhält.

Diese Gegenstände in die Hände zu geben, ist eine großartige Gelegenheit, diesen Gegenstand zu zeigen, sie an den Wert Ihres Angebots zu erinnern und sie möglicherweise dazu zu bringen, über Sie zu sprechen, selbst wenn Sie nicht anwesend sind.

Textnachricht

Es ist das einzige Kommunikationsmittel, bei dem fast sicher ist, dass es geöffnet und gelesen wird. Die Menschen schauen mitten in einem Gespräch auf ihr Handy, so dass die Welt für eine Textnachricht stehen bleiben kann. Textnachrichten sollten als rechtzeitige Erinnerungen für einfache Handlungen genutzt werden. Eine der besten Anwendungen, die ich gesehen habe, ist die eines Fast-Food-Lieferanten, der an einem Freitagnachmittag sein neuestes Angebot an frühere Kunden schickt. Denken Sie darüber nach, wie eine SMS genutzt werden kann, um sie an ein abgelaufenes Angebot zu erinnern, eine Einladung zu einer Veranstaltung vorzustellen oder einfach ein wichtiges Ereignis in ihrer Welt zu würdigen.

Sie hören alle die gleichen Sender.

Ein wichtiger Teil der Kommunikation mit den Kunden besteht darin, zu verstehen, dass sie nur eine Frequenz hören. Der Sender, den sie hören, heißt Wii FM, was für "What's in it for me?" steht. Jedes Mal, wenn Sie sich zu Wort melden, müssen Sie sich in den Kunden hineinversetzen und fragen: "Was bringt es mir?" müssen Sie sich selbst fragen. Auf diese Weise wird Ihre gesamte Kommunikation gewinnbringend sein und die Interessen des Empfängers im Auge behalten.

Es ist der Gedanke, der zählt

Wenn Sie auf Ihr Leben zurückblicken, können Sie wahrscheinlich an einer Hand abzählen, wie oft Sie von Anerkennung, Lob oder Belohnungen beeindruckt waren.

Und schließlich sollten Sie sich überlegen, ob Sie diejenigen, die für Sie und Ihr Unternehmen wertvoll sind, anerkennen wollen.. Wenn Sie sich in der heutigen schnelllebigen Gesellschaft die Zeit nehmen, Leistungen anzuerkennen, die über das übliche Maß hinausgehen, verschafft das Ihrem Unternehmen einen Vorteil und hebt Sie von der Masse ab. Ob es darum geht, Ihr Team für herausragende Leistungen zu belohnen, geschätzten Kunden Anerkennung zu zollen, Erfolge mit Partnern zu feiern oder potenziellen Kunden Wertschätzung entgegenzubringen - der Erfolg im Vertrieb ist eine Verstärkung der Beziehungen, die Sie aufgebaut haben. Echte Fürsorge ist immer en vogue.

Finanzielle Belohnungen können ein Anreiz sein, sind aber selten die beste Option und können mit der Zeit sehr kostspielig werden. Sie kennen das Sprichwort "Es ist der Gedanke, der zählt", und im Geschäftsleben kann dies eine großartige Gelegenheit für Sie sein, um zu glänzen. Loben Sie Ihre Mitarbeiter von ganzem Herzen, wenn sie Ergebnisse erzielen, danken Sie Ihren Kunden bei jeder Gelegenheit, lassen Sie Ihre Partner wissen, dass ihre Bemühungen geschätzt werden, und tun Sie alles, was Sie können, um die Extrameile zu gehen.

e. In einer Zeit, in der E-Mails im Überfluss vorhanden sind und die Welt immer mobiler wird, ist es wichtig, sich auf das Wesentliche zu besinnen, wenn es darum geht, wahrgenommen zu werden. Deshalb ist es wichtig, eine handgeschriebene Karte oder einen handgeschriebenen Brief zu verschicken, um seine Wertschätzung zu zeigen, selbst wenn es etwas so Triviales wie dieses ist: "Danke". Ich glaube, dass es möglich ist, durch das Versenden von Karten an Kunden und Interessenten Geschäfte zu machen. Die Aufrichtigkeit der Botschaft ist wichtig. In solchen Fällen ist es wichtig, zu sagen: "Natürlich. Handschriftlich und sauber geschrieben.

Wenn Sie andere Ergebnisse erzielen und als anders als Ihre Konkurrenten wahrgenommen werden wollen, sollten Sie anders handeln.